MAESTROS HISPÁNICOS DEL SIGLO VEINTE

MAESTROS HISPÁNICOS DEL SIGLO VEINTE

EMIR RODRÍGUEZ MONEGAL
Yale University

SUZANNE JILL LEVINE
Tufts University

HARCOURT BRACE JOVANOVICH, INC.

New York   San Diego   Chicago   San Francisco   Atlanta

ISBN: 1-15-551270-6

Library of Congress Catalog Card Number: 78-70782

Printed in the United States of America

Acknowledgments and Picture Credits appear on pages 193 and 194, which constitute a continuation of the copyright page.

PREFACE

The aim of this anthology of poetry, short stories, and a scene from a Buñuel film is to provide an intermediate reader for college students that will both stimulate their interest in contemporary Hispanic literature and expand their knowledge of a language and a culture viewed today as among the most challenging and rewarding of the western world. The international success of writers such as Borges and the Spanish-American novelists, the relevance of the themes and subjects handled by Hispanic writers, their uncompromising attitude toward politics and society, have contributed to an increasing awareness among young readers of the importance of that culture. Unfortunately, many Hispanic textbooks tend to be too conservative in their selection of contemporary authors and texts, generally offering only a tepid version of a very lively literature.

The excuse that the best writers are difficult does not withstand a careful examination. In this anthology we have aimed at both quality and clarity. The readings have also been selected for their brevity and accessibility. They present, at varying levels of difficulty, a comprehensive view of this century's Hispanic letters. Next to a transparent but subtle poem by Juan Ramón Jiménez the student will find a slightly more demanding text by García Lorca; a direct, concise story by García Márquez is preceded by a more complex tale of adultery by Carlos Fuentes, and is followed by an understated love story by Carbrera Infante. Through a careful reading of each text, the student will learn how to approach its subtler connotations.

All the selections are presented in their entirety; no word has been altered, the more difficult aspects having been explained in the notes and glossary, in the general introductions to the three parts into which the anthology is divided, and in the introduction to each reading. These individual commentaries give a short, concentrated view of the literary personality of the author and its relevance to the text selected. The introduction also aims at acquainting the student with the context in which the particular selection is situated. The questionnaires that follow each selection direct the student into the interpretation of the text and at the same time connect it with the points raised in the introduction. These questions are designed to lead the students into a re-examination of the text. A star (*) is used to indicate that a writer mentioned in a given introduction is also represented in the anthology.

We wish to acknowledge the assistance of Mark D. Larsen, who helped prepare the vocabulary, and of John Alexander Coleman of New York University, who read the manuscript and made many valuable suggestions.

EMIR RODRÍGUEZ MONEGAL

SUZANNE JILL LEVINE

CONTENTS

vii

CONTENTS

TRES
Una nueva dimensión
121

MAESTROS HISPÁNICOS DEL SIGLO VEINTE

INTRODUCTION

I T WAS NOT UNTIL this century that Latin American literature could be considered a unity. Before, it had been just the aggregate of several disparate national or regional literatures. In colonial times, it was an offshoot of Spanish literature: the writers believed, rightly so, that they were Spaniards, and they generally wrote for a Spanish audience. Independence from the mother country, in the early decades of the nineteenth century, gave rise to a cluster of regional literatures: one centered in the Caribbean area, where Spanish rule continued in some colonies until the end of the century; a second, in Mexico and Central America, had deep roots in the Indian cultures of that privileged area; a third developed in the Andes, the location of another great Indian culture, that of the Incas; a fourth grew in the region around the River Plate, where Buenos Aires and Montevideo developed into large modern cities; a fifth, in Brazil, pursued an independent, slightly different evolution from that of its Spanish American neighbors. In spite of the efforts of great Spanish American writers like the Venezuelan Andrés Bello (1781–1865), the Argentine Domingo Fidel Sarmiento (1811–88), and the Cuban José Martí (1853–95), Spanish American literature was, until this century, more a blueprint for the future than a reality.

Modernismo, the first truly international Spanish American literary movement, flourished at the turn of this century. The Nicaraguan Rubén Darío (1867–1916), its most active proponent, spread the gospel of modernity throughout the continent and even succeeded in engaging many young Spanish writers. With Darío, and for the first time, Spanish American literature influenced the mother country. From then on, the avant-garde poets and novelists consolidated this friendship between Spanish America and Spain. They have also achieved the unity necessary to such a literary dialogue. The awarding in 1961 of the International Publishers Prize to both Samuel Beckett and Jorge Luis Borges* put Spanish American literature right in the center of the Western literary scene. Today it can no longer be seen as a blueprint but as a building in the process of being constructed.

This anthology shows the variety and wealth of the Hispanic literature of this century. The material is organized into three thematic groups, each of which includes both Spanish and Spanish American writers. Each section consists of a chronological sequence of poems and short stories that are representative of today's literature. All the authors are well-known practitioners of their respective genres. Some are more famous than others, and some have received international prizes. But fame was not the only consideration that guided the selection. The texts do stand by themselves. In order to provide an overall view of contemporary Hispanic literature, the introduction to each writer indicates his or her relation to other writers represented in this book.

A poetic view also gives shape to the selection. From the symbolic and exalted presentation of poetry in Juan Ramón Jiménez's* poem, to the blunt admission by Ulalume González de León* that all poets are plagiarists, readers are challenged to go beyond explicit statements to reach for the often understated meaning of each text. Reading as rereading, rereading as decoding, is a concept the anthology wants to foster. Unless readers are aware of their own operation of reading, they cannot react critically to the text. And this anthology intends to challenge its readers to become critics. As Octavio Paz* once pointed out, a literature can exist only when there is a critical space where the works and their readers meet. To exist, Hispanic literature requires the creation and preservation of that space.

* Star denotes the authors represented in this anthology.

UNO

LAS
CONTRADICTORIAS
REALIDADES

P EOPLE KNOW more about the endemic civil wars and repressions, the tortures and terrorism, the oppressive role of the army than about the cultural achievements of the Hispanic world. In a sense this is understandable. Reality in Spain or in the Spanish American countries is grim, often grotesque. Culture, nevertheless, flourishes there because culture can develop in even the most atrocious conditions. The paradox must not be overlooked. Neither Elizabethan England, which produced Shakespeare, nor the France of Louis XIV, which produced Racine and Molière, was a democracy. Cervantes wrote *Don Quixote* at the time of the Inquisition in Spain; Dostoyevsky published his extraordinary novels in tzarist Russia; Eldridge Cleaver wrote *Soul on Ice* in an American prison. These writers are witnesses to the indomitable human spirit.

That spirit gives shape to the texts in this section. Federico García Lorca* may be writing about battered and murdered gypsies in the south of Spain, but he is also writing about every individual's right to be him- or herself. While Juan Carlos Onetti* satirizes bourgeois values, he also suffers for the passing of an illusion of purity. Nicanor Parra* attacks the inanities of secondary education, while René Marqués* shows how political consciousness is awakened in a simple man. The traps and cynicism of pop culture in contemporary Mexico is the object of Carlos Fuentes'* scorn. Provincial corruption and tyranny is Gabriel García Márquez's* subject, while Guillermo Cabrera Infante* very subtly unwinds the web of middle-class respectability.

The conflicting realities of the Hispanic world are the thematic space where all these writers meet. The authors bring to the description and evaluation of these realities two basic qualities: an uncompromising ear and eye; a commitment to good writing. Even when they are politically engaged, as are Marqués and García Márquez, they avoid clichés and seek complex, demanding truths. Thanks to them, the Hispanic world has become more visible; the clichés of the popular press no longer seem so valid.

JUAN RAMÓN JIMÉNEZ

SPAIN, 1881–1958

The most fastidious and elegant of men, Juan Ramón Jiménez kept rewriting his poetry. He was always reshaping his early books into new unities, endlessly organizing a different sequence of poems that he would never live to complete, in an attempt to create not just a poem, but a "work"; a unified, poetical object that will be (have to be) perfect. This ambition—it was the ambition of the French symbolist poet Stéphane Mallarmé (1842–98) before it became Jiménez's—was never realized. But the work Jiménez left behind is important enough to compensate for the "failure" of his impossible dream.

Born in the south of Spain, in the land of gypsies and toreros, Jiménez did not conform to that stereotype of the Andalusian. He was lean, ascetic, and had the looks, and beautiful calligraphic script, of an old Arabic sage. His poetry evolved from a too sentimental modernism (the lilac was at first his favorite flower) to a metaphysical, concentrated, compact poetry that poses the problem of humanity's place in the universe and leaves the tantalizing answer to the reader. Jiménez left Spain at the outbreak of the Civil War and never returned there, making his home in the United States and, from 1951 until his death, in Puerto Rico. The Nobel Prize for Literature he received in 1956 (the third to be awarded to a Spaniard) consecrated not only his own delicate poetry but the exceptional quality of the poetry of his country, of which he was one of the acknowledged masters.

A quarrelsome man, too finicky to accept what he saw as his colleagues' failures, too quick to challenge them with an acerbic pen,

JUAN RAMÓN JIMÉNEZ

Jiménez had disciples, but he always ended up quarreling with them. He also was jealous of younger poets who failed to pay him homage, as his dispute with Pablo Neruda* revealed. But after the storm had passed, he knew how to review each quarrel critically and put things in their proper perspective. His role in Hispanic letters was, in many respects, similar to Paul Valéry's (1871–1945) role in France, or T. S. Eliot's (1888–1966) in the Anglo-Saxon world. He was the guardian of continuity, to whom a high concept of poetry was entrusted.

That concept can be seen in the poem "Poesía." It is a description of the poet's relation with an ideal woman, who is also the source of poetry, or poetry itself. Esthetics and eroticism mingle harmoniously in this very simple, very deceptive poem. Written in free verse, it contains an *ars poetica** expressed in a way that would have pleased the classical writers. But the kind of simplicity Jiménez preaches is reached only after learning and forgetting complexity. It is a rediscovery. The title is also ambiguous: the Spanish word *poesía* means both "poetry" and "a poem." The text wants to be read in both ways: as a poem in its own right and as a manifesto for an essential kind of poetry.

* **ars poetica:** the art of poetry. Classical poets (Horace, Boileau, Pope) wrote poems about the art of composing poetry.

POESÍA

Vino, primero, pura,
vestida de inocencia;
y la amé como un niño.

Luego se fué vistiendo
de no sé qué ropajes;[1]
y la fuí odiando, sin saberlo.

Llegó a ser una reina
fastuosa[2] de tesoros...
¡Qué iracundia de yel y sin sentido![3]

...Mas se fué desnudando.
Y yo le sonreía.

Se quedó con la túnica[4]
de su inocencia antigua.
Creí de nuevo en ella.

Y se quitó la túnica,
y apareció desnuda toda...
¡Oh, pasión de mi vida, poesía
desnuda, mía para siempre!

1. **no...ropajes:** goodness knows what clothes.   2. **fastuosa:** gaudy; pageantlike.
3. **iracundia...sentido:** bilious rage without meaning; *yel* (bile) is usually spelled *hiel*.
4. **túnica:** tunic.

CUESTIONARIO

1. La mujer en el poema, ¿es real o simbólica? Explique.

2. ¿Por qué el poeta prefiere la poesía sin adornos a la poesía recargada de "tesoros"?

FEDERICO GARCÍA LORCA

SPAIN, 1898–1936

His death at the beginning of the Spanish Civil War made Federico García Lorca into a tragic figure: the young revolutionary poet assassinated by fascism. The fact that he was also a homosexual at a time when it was still not fashionable to be one created a second darker legend. Both legends are mainly irrelevant to his brilliant, uneven poetry, and to his increasingly mature theater. But the truth is that Lorca died young and unfulfilled in spite of the many achievements of his work.

Born, like Juan Ramón Jiménez, in the south of Spain, Lorca was neither ascetic nor fragile, and he did not always avoid the Andalusian clichés: he wrote poems to gypsies (his most popular book is the *Romancero gitano*, 1928) and even one ode to a bullfighter ("Llanto por Ignacio Sánchez Mejía," 1934). But his gypsies were presented in his poems through surrealist images, and the torero's death was lamented with strikingly unusual imagery. Lorca loved the gypsies because they were the underdogs. Chased by the police (the sinister *Guardia Civil*), poor, and marginal in a Catholic society they hardly understood, the gypsies were objects of scorn and abuse in everyday life in spite of being exploited for the commercial benefit of the tourist trade. Lorca identified himself with them because they had the passion and the madness that Spanish bourgeois life lacked completely. And it is that passion that Lorca immortalized in the two poems (actually one poem in two parts) he wrote about Antoñito el Camborio.

Lorca re-creates two episodes in the gypsy's life: his jailing by the abusive *Guardia Civil*, and his death at the hands of jealous cousins.

Antoñito is presented as both a beautiful and a sacrificial animal, the scapegoat of legends and myths. It is his beauty and hopelessness that attract the poet and arouse the reader's deepest sympathy. Antoñito is haunted not only by his enemies: the poet surrounds him with phallic images (knives, especially) that transform him into a passive victim ready to be carved up by jealous *machos*. The images are brilliant and brutal and convey ambiguous feelings that Lorca would later express more openly in poems such as the "Ode to Walt Whitman," which he wrote around 1930 after a one-year stay in the United States.

Lorca used one of the oldest and most popular metric forms in Spanish, the "romance." It has nothing to do with the English word *romance*, although it comes from the same root. "Romances" were medieval Spanish poems written in eight-syllable lines, of which only every other line rhymed. It was used for easy narrative because the normal rhythm of speech in Spanish tends to fall into eight-line unities. But used by an unskilled hand, it could beome monotonous. Lorca's was extremely skilled, and in his *Romancero gitano* he renewed and gave an extended life to the old form.

PRENDIMIENTO
DE ANTOÑITO EL CAMBORIO[1]
EN EL CAMINO DE SEVILLA

Antonio Torres Heredia,
hijo y nieto de Camborios,
con una vara de mimbre[2]
va a Sevilla a ver los toros.
Moreno de verde luna[3]
anda despacio y garboso.[4]
Sus empavonados bucles[5]
le brillan entre los ojos.
A la mitad del camino
cortó limones redondos,
y los fué tirando al agua
hasta que la puso de oro.
Y a la mitad del camino,
bajo las ramas de un olmo,[6]
guardia civil caminera[7]
lo llevó codo con codo.[8]

El día se va despacio,
la tarde colgada a un hombro,
dando una larga torera[9]
sobre el mar y los arroyos.
Las aceitunas aguardan
la noche de Capricornio,[10]
y una corta brisa, ecuestre,[11]
salta los montes de plomo.

1. **Camborio:** name of a gypsy tribe. 2. **vara de mimbre:** wicker staff.
3. **Moreno...luna:** (*simile*) dark, olive skin like the color of the moon. 4. **garboso:**
graceful. 5. **empavonados bucles:** spruced-up curls. 6. **olmo:** elm. 7. **guardia**
...caminera: road police. 8. **codo con codo:** arms tied behind him. 9. **la tarde...**
torera: (*metaphor*) the afternoon, hung over his shoulder *like* a bullfighter's cape,
makes a long circular movement. 10. **Capricornio:** Capricorn; that is, *it is either*
late December or early January. 11. **corta...ecuestre:** (*metaphor*) a brief breeze,
like a horse.

Antonio Torres Heredia,
hijo y nieto de Camborios,
viene sin vara de mimbre
entre los cinco tricornios.[12]

—Antonio, ¿quién eres tú?
Si te llamaras Camborio,
hubieras hecho una fuente
de sangre con cinco chorros.
Ni tú eres hijo de nadie,
ni legítimo Camborio.
¡Se acabaron los gitanos
que iban por el monte solos!
Están los viejos cuchillos
tiritando[13] bajo el polvo.

A las nueve de la noche
lo llevan al calabozo,[14]
mientras los guardias civiles
beben limonada todos.
Y a las nueve de la noche
le cierran el calabozo,
mientras el cielo reluce
como la grupa de un potro.[15]

12. **tricornios:** three-cornered hats worn by the *Guardia Civil.* 13. **tiritando:***
[Words that are glossed in more than one selection are indicated by an asterisk and are defined in the end vocabulary.] 14. **calabozo:** jail. 15. **grupa...potro:** (*simile*) rear end of a wild horse.

MUERTE DE ANTOÑITO
EL CAMBORIO

Voces de muerte sonaron
cerca del Guadalquivir.[16]
Voces antiguas que cercan
voz de clavel varonil.[17]
Les clavó sobre las botas
mordiscos de jabalí.[18]
En la lucha daba saltos
jabonados de delfín.[19]
Bañó con sangre enemiga
su corbata carmesí,[20]
pero eran cuatro puñales
y tuvo que sucumbir.
Cuando las estrellas clavan
rejones[21] al agua gris,
cuando los erales sueñan
verónicas de alhelí,[22]
voces de muerte sonaron
cerca del Guadalquivir.

—Antonio Torres Heredia,
Camborio de dura crin,[23]
moreno de verde luna,
voz de clavel varonil:

16. **Guadalquivir:** river that runs through Seville. 17. **clavel varonil:** (*metaphor*) virile carnation. 18. **mordiscos de jabalí:** (*metaphor*) boar bites. 19. **saltos... delfín:** (*metaphor*) The poet is comparing the gypsy to the image of the dolphin leaping in the sea. 20. **carmesí:** carmine red. 21. **rejones:** (*metaphor*) short spears thrust into a bull during a bullfight. 22. **los erales...alhelí:** (*metaphor*) the young oxen dream of their fate: to die in the bullring at the hands of a matador who will flourish his cape with elaborate movements called *verónicas*, named after the flower, which in English is called the gilliflower. 23. **crin:** mane.

¿Quién te ha quitado la vida
cerca del Guadalquivir?
—Mis cuatro primos Heredias
hijos de Benamejí.[24]
Lo que en otros no envidiaban,
ya lo envidiaban en mí.
Zapatos color corinto,[25]
medallones de marfil,
y este cutis amasado[26]
con aceituna y jazmín.
—¡Ay, Antoñito el Camborio,
digno de una Emperatriz!
Acuérdate de la Virgen
porque te vas a morir.
—¡Ay, Federico García,
llama a la Guardia Civil!
Ya mi talle se ha quebrado
como caña de maíz.

❖

Tres golpes de sangre tuvo
y se murió de perfil.
Viva moneda que nunca
se volverá a repetir.[27]
Un ángel marchoso[28] pone
su cabeza en un cojín.[29]
Otros de rubor cansado
encendieron un candil.
Y cuando los cuatro primos
llegan a Benamejí,
voces de muerte cesaron
cerca del Guadalquivir.

24. Benamejí: village near Córdoba. **25. color corinto:** fig-colored. **26. cutis amasado:** kneaded skin, in this case as if rubbed with olives and jasmine. **27. Viva... repetir:** The poet is comparing Antoñito's beautiful profile with the profile of the face on a coin, except Antoñito's will never be repeated. **28. marchoso:** gallant. **29. cojín:** cushion.

FEDERICO GARCÍA LORCA

CUESTIONARIO

1. ¿Quién es Antoñito el Camborio, y qué le pasa en el camino de Sevilla?

2. ¿Por qué la Guardia Civil le detiene y se lo lleva codo con codo?

3. ¿Cuántos eran los Guardias Civiles?

4. ¿Qué pensaba hacer Antoñito en Sevilla?

5. ¿Por qué le reprochan a Antoñito que se haya dejado prender sin resistencia?

6. ¿A qué hora le encierran en el calabozo?

7. ¿Quiénes quieren matar a Antoñito el Camborio y por qué?

8. ¿Qué actitud adopta Antoñito ante el ataque?

9. ¿Quién habla con Antoñito en la hora de su muerte?

10. ¿Quiénes rinden las honras fúnebres a Antoñito?

11. Identifique la forma de los dos poemas.

JUAN CARLOS ONETTI

URUGUAY, 1909

The unacknowledged master of the new Latin American novel, Juan Carlos Onetti was past fifty when he began to be read by the same writers and readers he had anticipated in his dark, anguished, and grotesque narratives. Born in Montevideo, but a resident of Buenos Aires for some fifteen years, he managed to pass unnoticed in spite of the fact that his best novels (*Para esta noche*, 1943; *La vida breve*, 1950; *Los adioses*, 1954; *El astillero*, 1961) were published by important Argentine publishers. But Onetti was the invisible man of River Plate fiction. Other uncompromising writers, such as Eduardo Mallea (1903–   ) and Ernesto Sábato (1911–   ), had achieved fame with their blend of local anguish and French existentialism. Onetti's exploration of the more unpleasant aspects of *machismo*, his almost clinical view of a society composed of greedy immigrants and outcasts, his painful use of satire, made his readers uncomfortable. He was too demanding, both as a social moralist and as a narrator.

One of his models had been the Argentine novelist Roberto Arlt (1900–42). But Arlt's grotesque human landscape was transformed in Onetti's works by a more disciplined use of the storyteller's craft. Onetti had also read Dostoyevsky (1821–81), and he shared with Arlt (and William Faulkner, 1897–1962) an admiration for the great Russian novelist. But he was closer to Faulkner in constructing tight narratives in which the ambiguity of the chosen point of view (generally that of an "unreliable narrator," as Wayne Booth* would put it) was the basis of his devastating social criticism.

In the story "Bienvenido, Bob," Onetti's skills and obsessions are evident. To show how Bob comes of age and is welcomed into the dirty world of adulthood, the narrator contrasts Bob's purity and scornful rejection of any compromise with his own cynical attitude. He obviously hates Bob. But at the same time, he admires and even loves him, and it is with pity and terror that he tells the story. Beneath the layers of cynicism, the narrator is suffering for the passing of another pure soul. He is, as narrator, unreliable, precisely because he is too engaged in the story he tells. He tries too hard to prove a point; he welcomes Bob to the corrupt adult world too noisily. Underneath, the narrator is also afraid and in anguish. Because the reader can see through him, the reader knows more than the narrator.

But not more than the author. Disguised under the mask of the unreliable narrator, Onetti exposes and criticizes him, thus forming a pact with the reader over the narrator's shoulder. By using this narrative device so effectively, Onetti forces the reader to participate in the writing of the story. At the same time, he clearly exposes the mechanisms of his own relationship as an author with his characters and the world in which they live. Like his unreliable narrator, Onetti also pities the people he writes about. If he uses the mask of cynicism to welcome his characters into the world of cheating and compromise, he uses it painfully. Like Dostoyevsky and Faulkner, Onetti is haunted by a lost purity, a paradise in which God still seemed possible.

* In *The Rhetoric of Fiction* (1961), Wayne Booth defines the "unreliable narrator" as one who deliberately omits part of the story he or she is telling.

BIENVENIDO, BOB

Es seguro que cada día estará más viejo, más lejos del tiempo en que se llamaba Bob, del pelo rubio colgando en la sien, la sonrisa y los lustrosos ojos de cuando entraba silencioso en la sala, murmurando un saludo o moviendo un poco la mano cerca de la oreja, e iba a sentarse bajo la lámpara, cerca del piano, con un libro o simplemente quieto y aparte, abstraído, mirándonos durante una hora sin un gesto en la cara, moviendo de vez en cuando los dedos para manejar el cigarrillo y limpiar de ceniza la solapa[1] de sus trajes claros.

Igualmente lejos —ahora que se llama Roberto y se emborracha con cualquier cosa, protegiéndose la boca con la mano sucia cuando tose— del Bob que tomaba cerveza, dos vasos solamente en la más larga de las noches, con una pila de monedas de diez[2] sobre su mesa de la cantina del club, para gastar en la máquina de discos. Casi siempre solo, escuchando *jazz*, la cara soñolienta, dichosa y pálida, moviendo apenas la cabeza para saludarme cuando yo pasaba, siguiéndome con los ojos tanto tiempo como yo me quedara, tanto tiempo como me fuera posible soportar su mirada azul detenida incansablemente en mí, manteniendo sin esfuerzo el intenso desprecio y la burla, más suave. También con algún otro muchacho, los sábados, alguno tan rabiosamente joven como él, con quien conversaba de solos, trompas y coros[3] y de la infinita ciudad que Bob construiría sobre la costa cuando fuera arquitecto. Se interrumpía al verme pasar para hacerme el breve saludo y no sacar ya los ojos de mi cara, resbalando palabras apagadas[4] y sonrisas por una punta de la boca hacia el compañero que terminaba siempre por mirarme y duplicar en silencio el desprecio y la burla.

A veces me sentía fuerte y trataba de mirarlo: apoyaba la cara en una mano y fumaba encima de mi copa mirándolo sin pestañear, sin apartar la atención de mi rostro que debía sostenerse frío, un poco melancólico. En aquel tiempo Bob era muy parecido a Inés; podía ver algo de ella en su cara a través del salón del club, y acaso alguna noche lo haya mirado como la miraba a ella. Pero casi siempre prefería olvidar los ojos

---

1. limpiar...solapa: brush the ashes from the lapel. **2. monedas de diez:** ten-piece coins. **3. de solos...coros:** about solos, horns, and choruses. **4. palabras apagadas:** inaudible words.

de Bob y me sentaba de espaldas a él y miraba las bocas de los que
hablaban en mi mesa, a veces callado y triste para que él supiera que
había en mí algo más que aquello por lo que me había juzgado, algo
próximo a él; a veces me ayudaba con unas copas y pensaba "querido
Bob, andá a contárselo a tu hermanita", mientras acariciaba las manos
de las muchachas que estaban sentadas a mi mesa o estiraba una teoría
cínica sobre cualquier cosa, para que ellas rieran y Bob lo oyera.

Pero ni la actitud ni la mirada de Bob mostraban ninguna alteración
en aquel tiempo, hiciera yo lo que hiciera. Sólo recuerdo esto como
prueba de que él anotaba mis comedias[5] en la cantina. Una noche, en su
casa, estaba esperando a Inés en la sala, junto al piano, cuando entró él.
Tenía un impermeable cerrado hasta el cuello, las manos en los bolsillos.
Me saludó moviendo la cabeza, miró alrededor en seguida y avanzó en la
habitación como si me hubiera suprimido con la rápida cabezada;[6] lo
ví moverse dando vueltas junto a la mesa, sobre la alfombra, andando
sobre ella con sus amarillos zapatos de goma. Tocó una flor con un dedo,
se sentó en el borde de la mesa y se puso a fumar mirando el florero, el
sereno perfil puesto hacia mí, un poco inclinado, flojo y pensativo.
Imprudentemente —yo estaba de pie recostado en el piano— empujé
con mi mano izquierda una tecla grave[7] y quedé ya obligado a repetir
el sonido cada tres segundos, mirándolo.

Yo no tenía por él más que odio y un vergonzante respeto, y seguí
hundiendo la tecla, clavándola con una cobarde ferocidad en el silencio
de la casa, hasta que repentinamente quedé situado afuera, observando
la escena como si estuviera en lo alto de la escalera o en la puerta,
viéndolo y sintiéndolo a él, Bob, silencioso y ausente junto al hilo de
humo de su cigarrillo que subía temblando; sintiéndome a mí, alto y
rígido, un poco patético, un poco ridículo en la penumbra, golpeando
cada tres exactos segundos la tecla grave con mi índice. Pensé entonces
que no estaba haciendo sonar el piano por una incomprensible bravata,[8]
sino que lo estaba llamando; que la profunda nota que tenazmente hacía
renacer mi dedo en el borde de cada última vibración era, al fin en-
contrada, la única palabra pordiosera[9] con que podía pedir tolerancia y
comprensión a su juventud implacable. Él continuó inmóvil hasta que
Inés golpeó arriba la puerta del dormitorio antes de bajar a juntarse
conmigo. Entonces Bob se enderezó y vino caminando con pereza hasta

---

5. **mis comedias:** the act I put on for him.   6. **cabezada:** rapid nod.   7. **tecla
grave:** low key.   8. **bravata:** bravado.   9. **pordiosera:** begging.

el otro extremo del piano, apoyó un codo, me miró un momento y
después dijo con una hermosa sonrisa: "¿Esta noche es una noche de
leche o de *whisky*? ¿Ímpetu de salvación o salto en el abismo?"

No podía contestarle nada, no podía deshacerle la cara de un golpe;
dejé de tocar la tecla y fuí retirando lentamente la mano del piano. Inés
estaba en mitad de la escalera cuando él me dijo, mientras se apartaba:
"Bueno, puede ser que usted improvise."

El duelo duró tres o cuatro meses, y yo no podía dejar de ir por las
noches al club —recuerdo, de paso, que había campeonato de tenis por
aquel tiempo— porque cuando me estaba algún tiempo sin aparecer por
allí, Bob saludaba mi regreso aumentando el desdén y la ironía en sus
ojos y se acomodaba en el asiento con una mueca[10] feliz.

Cuando llegó el momento de que yo no pudiera desear otra solución
que casarme con Inés cuanto antes, Bob y su táctica cambiaron. No sé
cómo supo de mi necesidad de casarme con su hermana y de cómo yo
había abrazado aquella necesidad con todas las fuerzas que me quedaban.
Mi amor de aquella necesidad había suprimido el pasado y toda atadura
con el presente. No reparaba entonces en Bob; pero poco tiempo
después hube de recordar cómo había cambiado en aquella época y
alguna vez quedé inmóvil, de pie en una esquina, insultándolo entre
dientes, comprendiendo que entonces su cara había dejado de ser
burlona y me enfrentaba con seriedad y un intenso cálculo, como se
mira un peligro o una tarea compleja, como se trata de valorar el
obstáculo y medirlo con las fuerzas de uno. Pero yo no le daba ya
importancia y hasta llegué a pensar que en su cara inmóvil y fija estaba
naciendo la comprensión por lo fundamental mío, por un viejo pasado
de limpieza que la adorada necesidad de casarme con Inés extraía de
abajo de años y sucesos[11] para acercarme a él.

Después vi que estaba esperando la noche; pero lo vi recién cuando
aquella noche llegó Bob y vino a sentarse a la mesa donde yo estaba solo
y despidió al mozo con una seña. Esperé un rato, mirándolo, era tan
parecido a ella cuando movía las cejas; y la punta de la nariz, como a
Inés, se le aplastaba un poco cuando conversaba. "Usted no se va a
casar con Inés", dijo después. Lo miré, sonreí, dejé de mirarlo. "No,
no se va a casar con ella porque una cosa así se puede evitar si hay
alguien de veras resuelto a que no se haga." Volví a reirme. "Hace

---

10. **mueca:** grimace.   11. **por un...sucesos:** a clean something in my past that the
deeply felt need to marry Inez had cleared from under the years and experiences.

unos años —le dije— eso me hubiera dado muchas ganas de casarme con Inés. Ahora no agrega ni saca.[12] Pero puedo oirlo; si quiere explicarme..." Enderezó[13] la cabeza y continuó mirándome en silencio; acaso tuviera prontas las frases y esperaba a que yo completara la mía para decirlas. "Si quiere explicarme por qué no quiere que yo me case con ella", pregunté lentamente y me recosté en la pared. Vi en seguida que yo no había sospechado nunca cuánto y con cuánta resolución me odiaba; tenía la cara pálida, con una sonrisa sujeta y apretada con labios y dientes. "Habría que dividirlo por capítulos —dijo—, no terminaría en la noche".

"Pero se puede decir en dos o tres palabras. Usted no se va a casar con ella porque usted es viejo y ella es joven. No sé si usted tiene treinta o cuarenta años, no importa. Pero usted es un hombre hecho, es decir deshecho, como todos los hombres a su edad cuando no son extraordinarios." Chupó el cigarrillo apagado, miró hacia la calle y volvió a mirarme; mi cabeza estaba apoyada contra la pared y seguía esperando. "Claro que usted tiene motivos para creer en lo extraordinario suyo. Creer que ha salvado muchas cosas del naufragio. Pero no es cierto." Me puse a fumar de perfil a él; me molestaba, pero no le creía; me provocaba un tibio odio, pero yo estaba seguro de que nada me haría dudar de mí mismo después de haber conocido la necesidad de casarme con Inés. No: estábamos en la misma mesa y yo era tan limpio y tan joven como él. "Usted puede equivocarse —le dije—. Si usted quiere nombrar algo de lo que hay deshecho en mí..." "No, no —dijo rápidamente—, no soy tan niño. No entro en ese juego. Usted es egoísta; es sensual de una sucia manera. Está atado a cosas miserables y son las cosas las que lo arrastran. No va a ninguna parte, no lo desea realmente. Es eso, nada más; usted es viejo y ella es joven. Ni siquiera debo pensar en ella frente a usted. Y usted pretende..." Tampoco entonces podía yo romperle la cara, así que resolví prescindir de él, fuí al aparato de música, marqué cualquier cosa y puse una moneda. Volví despacio al asiento y escuché. La música era poco fuerte; alguien cantaba dulcemente en el interior de grandes pausas. A mi lado Bob estaba diciendo que ni siquiera él, alguien como él, era digno de mirar a Inés en los ojos. Pobre chico, pensé con admiración. Estuvo diciendo que en aquello que él llamaba vejez, lo más repugnante, lo que deter-

---

12. **no agrega ni saca:** does not affect things one way or another. 13. **Enderezó:** He straightened up.

minaba la descomposición, o acaso lo que era símbolo de descomposición era pensar por conceptos, englobar[14] a las mujeres en la palabra mujer, empujarlas sin cuidado para que pudieran amoldarse[15] al concepto hecho por una pobre experiencia. Pero —decía también— tampoco la palabra experiencia era exacta. No había ya experiencias, nada más que costumbres y repeticiones, nombres marchitos[16] para ir poniendo a las cosas y un poco crearlas. Más o menos eso estuvo diciendo. Y yo pensaba suavemente si él caería muerto o encontraría la manera de matarme, allí mismo y en seguida, si yo le contara las imágenes que removía en mí al decir que ni siquiera él merecía tocar a Inés con la punta de un dedo, el pobre chico, o besar el extremo de sus vestidos, la huella de sus pasos o cosas así. Después de una pausa —la música había terminado y el aparato apagó las luces aumentando el silencio—, Bob dijo "nada más", y se fué con el andar de siempre, seguro, ni rápido ni lento.

Si aquella noche el rostro de Inés se me mostró en las facciones de Bob, si en algún momento el fraternal parecido pudo aprovechar la trampa de un gesto para darme a Inés por Bob, fué aquella, entonces, la última vez que vi a la muchacha. Es cierto que volví a estar con ella dos noches después en la entrevista habitual, y un mediodía en un encuentro impuesto por mi desesperación, inútil, sabiendo de antemano que todo recurso de palabra y presencia sería inútil, que todos mis machacantes[17] ruegos morirían de manera asombrosa, como si ni hubieran sido nunca, disueltos en el enorme aire azul de la plaza, bajo el follaje de verde apacible en mitad de la buena estación.

Las pequeñas y rápidas partes del rostro de Inés que me había mostrado aquella noche Bob, aunque dirigidas contra mí, unidas en la agresión, participaban del entusiasmo y el candor de la muchacha. Pero cómo hablar a Inés, cómo tocarla, convencerla a través de la repentina mujer apática de las dos últimas entrevistas. Cómo reconocerla o siquiera evocarla mirando a la mujer de largo cuerpo rígido en el sillón de su casa y el banco de la plaza, de una igual rigidez resuelta y mantenida en las dos distintas horas y los dos parajes; la mujer de cuello tenso, los ojos hacia adelante, la boca muerta, las manos plantadas en el regazo. Yo la miraba y era "no", sabía que era "no" todo el aire que la estuvo rodeando.

Nunca supe cuál fué la anécdota elegida por Bob para aquello; en

14. **englobar:** engulf; include. 15. **amoldarse:** adapt themselves to. 16. **marchitos:** * 17. **machacantes:** insistent; monotonous.

todo caso, estoy seguro de que no mintió, de que entonces nada —ni Inés— podían hacerlo mentir. No ví más a Inés ni tampoco a su forma vacía y endurecida; supe que se casó y que no vive ya en Buenos Aires. Por entonces, en medio del odio y el sufrimiento me gustaba imaginar a Bob imaginando mis hechos y eligiendo la cosa justa o el conjunto de cosas que fué capaz de matarme en Inés y matarla a ella para mí.

Ahora hace cerca de un año que veo a Bob casi diariamente, en el mismo café, rodeado de la misma gente. Cuando nos presentaron —hoy se llama Roberto— comprendí que el pasado no tiene tiempo y el ayer se junta allí con la fecha de diez años atrás. Algún gastado rastro de Inés había aún en su cara, y un movimiento de la boca de Bob alcanzó para que yo volviera a ver el alargado cuerpo de la muchacha, sus calmosos y desenvueltos[18] pasos, y para que los mismos inalterados ojos azules volvieran a mirarme bajo un flojo peinado que cruzaba y sujetaba una cinta roja. Ausente y perdida para siempre, podía conservarse viviente e intacta, definitivamente inconfundible, idéntica a lo esencial suyo. Pero era trabajoso escarbar en[19] la cara, las palabras y los gestos de Roberto para encontrar a Bob y poder odiarlo. La tarde del primer encuentro esperé durante horas a que se quedara solo o saliera para hablarle y golpearlo. Quieto y silencioso, espiando a veces su cara o evocando a Inés en las ventanas brillantes del café, compuse mañosamente las frases de insulto y encontré el paciente tono con que iba a decírselas, elegí el sitio de su cuerpo donde dar el primer golpe. Pero se fué al anochecer acompañado por los tres amigos, y resolví esperar, como había esperado él años atrás, la noche propicia en que estuviera solo.

Cuando volví a verlo, cuando iniciamos esta segunda amistad que espero no terminará ya nunca, dejé de pensar en toda forma de ataque. Quedó resuelto que no le hablaría jamás de Inés ni del pasado y que, en silencio, yo mantendría todo aquello viviente dentro de mí. Nada más que esto hago, casi todas las tardes, frente a Roberto y las caras familiares del café. Mi odio se conservará cálido y nuevo mientras pueda seguir viendo y escuchando a Roberto; nadie sabe de mi venganza, pero la vivo, gozosa y enfurecida, un día y otro. Hablo con él, sonrío, fumo, tomo café. Todo el tiempo pensando en Bob, en su pureza, su fe, en la audacia de sus pasados sueños. Pensando en el Bob que amaba la música, en el Bob que planeaba ennoblecer la vida de los hombres construyendo una

---

18. desenvueltos: easy.   19. escarbar en: *

ciudad de enceguecedora belleza, para cinco millones de habitantes, a lo largo de la costa del río; el Bob que no podía mentir nunca; el Bob que proclamaba la lucha de jóvenes contra viejos, el Bob dueño del futuro y del mundo. Pensando minucioso y plácido en todo eso frente al hombre de dedos sucios de tabaco llamado Roberto, que lleva una vida grotesca, trabajando en cualquier hedionda[20] oficina, casado con una gorda mujer a quien nombra "miseñora";[21] el hombre que se pasa estos largos domingos hundido en el asiento del café, examinando diarios y jugando a las carreras por teléfono.

Nadie amó a mujer alguna con la fuerza con que yo amo su ruindad,[22] su definitiva manera de estar hundido en la sucia vida de los hombres. Nadie se arrobó de amor como yo lo hago[23] ante sus fugaces sobresaltos, los proyectos sin convicción que un destruído y lejano Bob le dicta algunas veces y que sólo sirven para que mida con exactitud hasta dónde está emporcado[24] para siempre.

No sé si nunca en el pasado he dado la bienvenida a Inés con tanta alegría y amor como diariamente doy la bienvenida a Bob al tenebroso y maloliente mundo de los adultos. Es todavía un recién llegado y de vez en cuando sufre sus crisis de nostalgia. Lo he visto lloroso y borracho, insultándose y jurando el inminente regreso a los días de Bob. Puedo asegurar que entonces mi corazón desborda de amor y se hace sensible y cariñoso como el de una madre. En el fondo sé que no se irá nunca porque no tiene sitio adonde ir; pero me hago delicado y paciente y trato de conformarlo.[25] Como ese puñado de tierra natal, o esas fotografías de calles y monumentos, o las canciones que gustan traer consigo los inmigrantes, voy construyendo para él planes, creencias y mañanas distintos que tienen la luz y el sabor del país de juventud de donde él llegó hace un tiempo. Y él acepta; protesta siempre para que yo redoble mis promesas, pero termina por decir que sí, acaba por muequear[26] una sonrisa creyendo que algún día habrá de regresar al mundo y las horas de Bob y queda en paz en medio de sus treinta años, moviéndose sin disgusto ni tropiezo entre los cadáveres pavorosos de las antiguas ambiciones, las formas repulsivas de los sueños que se fueron gastando bajo la presión distraída y constante de tantos miles de pies inevitables.

---

20. **hedionda**: foul-smelling. 21. **"miseñora"**: *mi señora*, spelled here as it is pronounced, equivalent to "the missus." 22. **ruindad**: nastiness. 23. **se arrobó... hago**: was enraptured as I am. 24. **emporcado**: stained, dirtied. 25. **conformarlo**: console him. 26. **muequear**: make faces.

JUAN CARLOS ONETTI

CUESTIONARIO

1. ¿Cuáles son las diferencias entre el joven que se llamaba Bob, y el hombre que ahora se llama Roberto? Descríbalas, tanto las físicas como las morales.

2. ¿En qué se basa el antagonismo de Bob con el narrador del relato?

3. ¿Quién es Inés?

4. Describa algún encuentro en el club entre Bob y el narrador.

5. ¿Por qué Inés y el narrador no se casan?

6. Según el narrador, ¿cuál es el sentimiento que para él es más fuerte que el amor a "mujer alguna"?

NICANOR PARRA

CHILE, 1914

To be born a poet in a land of poets is a tremendous disadvantage, if you are ambitious. And Chile had had its share of great poets (Gabriela Mistral,* Vicente Huidobro, Pablo de Rokha, Pablo Neruda*) when Parra published his *Cancionero sin nombre* (1937). (The title alludes to Lorca's* more popular *Romancero gitano*.) But soon after the publication of his *Cancionero*, Parra began to deny his poetic origins and aim at a completely different type of poetry. He was determined to be the odd man out. After a journey to England to study physics at Oxford University, Parra returned to Chile and published a volume challengingly called *Poemas y antipoemas* (1954). From then on, he became *the* antipoet of Latin American letters.

The title was not new. One of Parra's predecessors, Huidobro, had used it to call himself "antipoeta y mago." But the uneasy juxtaposition of the two words (one antithetical, the other a common metaphor for the poetical profession) made Huidobro suspect. He obviously was trying to write a *different* kind of poetry, but he was not ready to renounce the old prestige of magic. Parra was. He assumed the mask of the clown (there is more than a touch of Harpo Marx in his face, a Harpo with Picasso's wide-awake and sad eyes) and from 1954 on has produced the most irritating, most irreverent, most controversial poetry of our times. A left-wing writer and a devoted enemy of imperialism, Parra has not spared the slogans of the left the taste of his uncompromising humor. Against the well-known battle cry "Cuba Sí, Yankees No," he once raised his "Cuba Sí, Yankees También." Age has not mellowed Parra,

27

as one of his recent poems, "Los profesores," proves. For this poem, Parra borrowed freely from his own experience as a professor at the University of Chile (retired after the 1973 military coup). The inanity of mass education, the jungle of cultural clichés, the absurdity of questionnaires, the boredom of lectures, the sadism of teaching: all is there for the reader to share with the poet. Parra's satirical Muse does not spare anyone, not even the poet himself. The image he projects of the little man caught in the infernal machine of education is purely surrealistic. It is simultaneously comic and pitiful. And it is because of that pity that Parra's harsh poetry, though irreverent and clownish, never becomes cynical.

The verse of "Los profesores" is free form, although there is a marked rhythmical pattern: the pattern of spoken Spanish. Parra has a wonderful ear for speech and has developed a subtle theory about the poet as compiler, or editor, of common speech. He always carries a large notebook and can be seen scribbling words and phrases—fragments of conversations, sentences overheard—that he later edits into some of his most witty colloquialisms. From that point of view, a large part of his poetry is collective.

LOS PROFESORES

Los profesores nos volvieron locos[1]
a preguntas que no venían al caso[2]
cómo se suman números complejos
hay o no hay arañas en la luna
cómo murió la familia del zar[3]
¿es posible cantar con la boca cerrada?
quién le pintó bigotes a la Gioconda[4]
cómo se llaman los habitantes de Jerusalén
hay o no hay oxígeno en el aire
cuántos son los apóstoles de Cristo
cuál es el significado de la palabra consueta[5]
cuáles fueron las palabras que dijo Cristo
        en la cruz
quién es el autor de Madame Bovary[6]
dónde escribió Cervantes el Quijote
cómo mató David al gigante Goliat
etimología de la palabra filosofía
cuál es la capital de Venezuela
cuándo llegaron los españoles a Chile

Nadie dirá que nuestros maestros
fueron unas enciclopedias rodantes
exactamente todo lo contrario:
fueron unos modestos profesores primarios
o secundarios no recuerdo muy bien
—eso sí que de bastón y levita[7]
como que estamos a comienzos de siglo—
no tenían para qué molestarse
en molestarnos de esa manera
salvo por razones inconfesables:
a qué tanta manía pedagógica
¡tanta crueldad en el vacío más negro!

---

1. **nos volvieron locos:** drove us crazy.   2. **no venían al caso:** were not relevant.
3. **zar:** tsar.   4. **Gioconda:** *Mona Lisa.* Marcel Duchamp, the dada artist, painted
the infamous mustache.   5. **consueta:** (*theater jargon*) prompter.   6. **Madame
Bovary:** the author is Gustave Flaubert (1821–80).   7. **levita:** frock coat.

Dentadura del tigre
nombre científico de la golondrina[8]
de cuántas partes consta una misa solemne[9]
cuál es la fórmula del ánhidrido sulfúrico
cómo se suman fracciones de distinto
     denominador
estómago de los rumiantes
árbol genealógico de Felipe II[10]
Maestros Cantores de Nuremberg[11]
Evangelio según San Mateo
nombre cinco poetas finlandeses
etimología de la palabra etimología.

Ley de la gravitación universal
a qué familia pertenece la vaca
cómo se llaman las alas de los insectos
a qué familia pertenece el ornitorrinco[12]
mínimo común múltiple[13] entre dos y tres
hay o no hay tinieblas en la luz
origen del sistema solar
aparato respiratorio de los anfibios
órganos exclusivos de los peces
sistema periódico de los elementos
autor de Los Cuatro Jinetes del Apocalipsis[14]
en qué consiste el fenómeno llamado
     es-pe-jis-mo[15]
cuánto demoraría un tren en llegar a la luna
cómo se dice pizarrón[16] en francés
subraye las palabras terminadas en consonante.

La verdadera verdad de las cosas
es que nosotros nos sentábamos en la
     diferencia[17]

8. golondrina: swallow. 9. misa solemne: the Mass sung by a priest accompanied
by a deacon and a subdeacon. 10. Felipe II: king of Spain (1527–98). 11. Maestros...Nuremberg: Meistersingers, professional medieval singers who were centered in
Nuremberg; also the subject of a famous opera by Richard Wagner. 12. ornitorrinco:
duckbill. 13. mínimo...múltiple: lowest common multiple. 14. Los...Apocalip-
sis: The Four Horsemen of the Apocalypse, a novel by the Spanish author Vicente
Blasco Ibáñez (1867–1928). 15. espejismo: mirage. 16. pizarrón: blackboard.
17. nos...diferencia: we sat on the difference, a euphemism in which the verb
sentábamos (sat) is obviously replacing a much stronger verb.

quién iba a molestarse con esas preguntas
en el peor de los casos apenas nos hacían
    temblar
únicamente un malo de la cabeza[18]
nosotros éramos gente de acción
a nuestros ojos el mundo se reducía
al tamaño de una pelota de fútbol
y patearla era nuestro delirio
nuestra razón de ser adolescentes
hubo campeonatos que se prolongaron hasta
    la noche
todavía me veo persiguiendo
la pelota invisible en la oscuridad
había que ser buho o murciélago
para no chocar con los muros de adobe
ése era nuestro mundo
las preguntas de nuestros profesores
pasaban gloriosamente por nuestras orejas
como agua por espalda de pato[19]
sin perturbar la calma del universo:
partes constitutivas de la flor
a qué familia pertenece la comadreja[20]
método de preparación del ozono
testamento político de Balmaceda[21]
sorpresa de Cancha Rayada[22]
por dónde entró el ejército libertador
insectos nocivos[23] a la agricultura
cómo comienza el Poema del Cid
dibuje una garrucha[24] diferencial
y determine la condición de equilibrio.

El amable lector comprenderá
que se nos pedía más de lo justo

---

18. un...cabeza: a screwball. **19. como...pato:** (*simile*) like the water on a duck's back. **20. comadreja:** weasel. **21. Balmaceda:** José Manual Balmaceda (1840–91), Chilean liberal reformer and president. **22. Cancha Rayada:** the place in Chile where San Martín's liberating army was badly defeated in a battle in 1818. José de San Martín (1778–1850), South American soldier and statesman who, with Simón Bolívar, led the struggle for South American independence in the nineteenth century. **23. nocivos:** harmful. **24. garrucha:** pulley.

más de lo estrictamente necesario:
¿determinar la altura de una nube?
¿calcular el volumen de la pirámide?
¿demostrar que raíz de dos es un número
irracional?
¿aprender de memoria las Coplas de Jorge
Manrique?[25]
déjense de pamplinas[26] con nosotros
hoy tenemos que dirimir[27] un campeonato
pero llegaban las pruebas[28] escritas
y a continuación[29] las pruebas orales
(en unas de fregar cayó Caldera)[30]
con esa misma regularidad morbosa
con que la bandurria[31] anuncia tormenta:

teoría electromagnética de la luz
en qué se distingue el trovador del juglar[32]
¿es correcto decir se venden huevos?
¿sabe lo que es un pozo artesiano?
clasifique los pájaros de Chile
asesinato de Manuel Rodríguez[33]
independencia de la Guayana Francesa
Simón Bolívar héroe o antihéroe
discurso de abdicación de O'Higgins
ustedes están más colgados que una
ampolleta.[34]

---

25. **Coplas...Manrique:** a poem by the famous Spanish poet Jorge Manrique (1440?–79) dedicated to the death of his father. 26. **déjense de pamplinas:** stop the nonsense. 27. **dirimir:** decide who wins. 28. **pruebas:** tests. 29. **a continuación:** next. 30. **en...Caldera:** A wordplay on a parody by Lope de Vega of Góngora's baroque style. Lope de Vega's verse, "en una de fregar cayó caldera," which can be translated as "into a laundry basin he fell," mocks Góngora's constant use of the ornate rhetorical device, the hyperbaton, in which normal word order is reversed. The correct syntax of the phrase would be "cayó en una caldera de fregar," which is translated as "he fell into a laundry basin." Parra's version adds more jokes to Lope's parody: Caldera was the name of the president of Venezuela at the time the antipoem was written. Also, in modern slang *fregar* means not only "to scrub" but also means *joderse,* in the sense of "get into trouble." Thus Parra's version suggests that Caldera got into trouble. 31. **bandurria:** bandore, a kind of guitar. 32. **trovador del juglar:** troubador, minstrel. 33. **Manuel Rodríguez...O'Higgins:** heroes of the nineteenth-century Chilean independence movement. 34. **ustedes...ampolleta:** (*slang*) you guys have bats in your belfry.

Los profesores tenían razón:
en verdad en verdad
el cerebro se nos escapaba por las narices
—había que ver cómo nos castañeteaban[35]
    los dientes—
a qué se deben los colores del arco iris[36]
hemisferios de Magdeburgo
nombre científico de la golondrina
metamorfosis de la rana
qué entiende Kant por imperativo categórico
cómo se convierten pesos chilenos a libras
    esterlinas
quién introdujo en Chile el colibrí[37]
por qué no cae la Torre de Pisa
¿por qué no se vienen abajo los Jardines
    Flotantes de Babilonia?
¿por qué no cae la luna a la tierra?
departamentos de la provincia de Ñuble[38]
cómo se trisecta[39] un ángulo recto
cuántos y cuáles son los poliedros regulares
éste no tiene la menor idea de nada.

Hubiera preferido que me tragara la tierra
a contestar esas preguntas descabelladas[40]
sobre todo después de los discursitos morali-
    zantes
a que nos sometían impajaritablemente[41]
    día por medio
¿saben ustedes cuánto cuesta al estado
cada ciudadano chileno
desde el momento que entra a la escuela
    primaria
hasta el momento que sale de la universidad?
¡un millón de pesos de seis peniques![42]

---

35. **castañeteaban:** chattered.   36. **arco iris:** rainbow.   37. **colibrí:** humming bird.
38. **departamentos...Ñuble:** districts of the province of Ñuble, in Chile.   39. **tri-secta:** trisect.   40. **descabelladas:** absurd.   41. **impajaritablemente:** (*slang*)
absurdly.   42. **un...peniques:** a million pesos in six-pence coins; that is, an absurdity.

Un millón de pesos de seis peniques
y seguían apuntándonos con el dedo:
cómo se explica la paradoja hidrostática
cómo se reproducen los helechos[43]
enuméreme los volcanes de Chile
cuál es el río más largo del mundo
cuál es el acorazado[44] más poderoso del mundo
cómo se reproducen los elefantes
inventor de la máquina de coser
inventor de los globos aerostáticos
ustedes están más colgados que una ampolleta
van a tener que irse para la casa
y volver con sus apoderados[45]
a conversar con el Rector del Establecimiento.

Y mientras tanto la Primera Guerra Mundial
Y mientras tanto la Segunda Guerra Mundial
La adolescencia al fondo del patio
La juventud debajo de la mesa
La madurez que no se conoció
La vejez
        con sus alas de insecto.

43. **helechos:** ferns. 44. **acorazado:** battleship. 45. **apoderados:** *

CUESTIONARIO

1. ¿Cuál es el deporte favorito de los estudiantes chilenos según el poeta?

2. ¿Por qué el poeta opone la cultura enciclopédica impuesta por los profesores a ese deporte?

3. ¿Hay respuesta correcta a todas las preguntas de los profesores, o algunas son totalmente absurdas? Dé ejemplos de ambas.

4. ¿Cuál es la intención del poeta en este poema?

5. ¿Qué tipo de lenguaje utiliza principalmente Parra: coloquial o poético? Dé ejemplos.

RENÉ MARQUÉS

PUERTO RICO, 1919

The best known of Puerto Rico's contemporary writers, René Marqués has been deeply affected by his country's long fight to free itself from the tutelage of the United States. Though educated partially in Spain and also familiar with the United States, Marqués brings a concern for the fate of his native land to his existentialist outlook on man. As his use of the lines from the German existentialist philosopher Martin Heidegger (1889–1976) at the beginning of "La muerte" makes completely explicit, Marqués believes that human beings are not only condemned to death by the mere fact of existing but also condemned to choose their death. This freedom to die is at the core of Marqués' commitment to a political ideal.

To better emphasize that predicament, Marqués has chosen as the protagonist of his story a common man, neither a leader nor an intellectual. It is precisely because the man is Everyman that his discovery of his solidarity with other men and his choosing to die for a cause takes on exemplary value. But to avoid abstraction, and the kind of allegorical* writing that lurks behind this kind of tale, Marqués describes in very detailed, concrete terms the protagonist's reality. He and his wife live in the old part of San Juan; to normal domestic problems he adds those also normal office problems everybody has. The mediocrity of the protagonist's condition and his lack of awareness of it do not prepare

---

* **allegory:** A literary form, widely used in the Middle Ages, that presents two stories in one; one is explicit, the other is implicit and has to be decoded according to a given key—philosophical, religious, mythological.

the reader for his sudden radicalization when faced with a political demonstration on a Palm Sunday and with the brutality of police repression. The flag he picks up becomes a symbol but, of course, remains a real flag. The same happens with Marqués' story: it is symbolic of the plight of the Puerto Rican fight for independence, but it is also a story about everyday people who are forced to face an ugly and overwhelming reality.

Marqués is probably best known as a playwright. One of his plays, *La carreta* (1952), has been performed widely and has also been successfully adapted for television. But he is equally at home in other literary genres, especially the short story. "La muerte" was originally included in his first volume of stories, *Otro día nuestro* (1955), and it is one of the finest examples of his craft.

LA MUERTE

No hay sólo un ser para la muerte,
sino una libertad para la muerte.

HEIDEGGER

La mañana era tibia y tranquila, con ese sabor insípido de las mañanas dominicales. Las campanas de Catedral habían llegado a la habitación claramente, a intervalos regulares. Yolanda se levantó a las ocho. Tal como lo había temido hizo todo el ruido posible por despertarle. Pero él no tenía ninguna intención de dar beligerancia al malhumor de Yolanda y obstinóse en fingir que dormía. Al fin ella agarró la mantilla y salió dando un tremendo portazo. Las campanas de Catedral dejaron oír en ese instante la última llamada para Misa de nueve.

Se levantó malhumorado. Le ardía un poco la cabeza, pero por lo demás se sentía bien. Sin embargo, al echar una ojeada en torno suyo, sintió cómo le aplastaba la estrechez asfixiante del apartamiento. Se vistió y lavó con gestos lentos de autómata.[1] Tenía urgencia por salir, pero no lograba coordinar esa urgencia con la pereza de sus movimientos. Al fin su cuerpo pareció obedecer a su voluntad. Se metió en la cocina y preparó una taza de café. La bebió a grandes sorbos. Ni siquiera se dio cuenta de que había olvidado endulzar el brebaje.[2] Su único pensamiento ahora era salir cuanto antes.

Ya en el pasillo se detuvo indeciso. Vio ante sí los escalones empinados[3] y temió que le acometiera el vértigo. Por ello concentró su atención en el contraste de luz y sombras. Cada recodo[4] se esfumaba[5] en la penumbra. En cambio el pasamanos,[6] pulido y brillante, se delineaba preciso bajo el chorro claro del tragaluz. Su mirada, recorriendo desde el quinto piso hasta la planta baja el juego geométrico de la escalera, con sus ángulos rectos, le produjo un ligero desvanecimiento. Instintivamente se apoyó en el pasamanos. Después de una ligera vacilación, inició el descenso.

En la calle el sol le hirió despiadado.[7] Tuvo que cerrar los ojos por unos instantes para acostumbrar su retina a aquel resplandor doloroso. Permaneció indeciso en la acera. No tenía plan definido para organizar su vida ese Domingo de Ramos.[8] Yolanda regresaría a las doce. Y él no

---

1. **autómata:** robot.   2. **brebaje:** brew.   3. **empinados:** steep.   4. **recodo:** corner.
5. **se esfumaba:** faded.   6. **pasamanos:** handrail.   7. **despiadado:** pitilessly.
8. **Domingo de Ramos:** Palm Sunday.

37

sentía deseo alguno de enfrentarse a ella después del exceso alcohólico de la noche anterior.

Fue a cruzar la calle, pero tuvo que retroceder de un salto. Una motocicleta pasó meteórica[9] rozándole el pantalón. Detrás avanzaba un camión atestado[10] de policías. Luego otro. Y otro. Los neumáticos[11] rechinaron[12] escandalosamente en el recodo cercano. La concentración inusitada de fuerza armada y la velocidad exagerada de los camiones, eran algo alarmante en la monótona quietud de la vieja ciudad colonial. Pero él no se tomó el trabajo de pensar en ello.

Echó a caminar calle abajo. Al principio tuvo la impresión de que su mente estaba en blanco. Era una sensación agradable. Pero casi de sorpresa los pensamientos fueron tomando forma. Siempre la misma forma: vida-muerte, muerte-vida, muerte. Esa mañana se sentía hipersensibilizado, como todas las mañanas después de haber bebido. Y sabía que en estas condiciones los pensamientos serían claros y precisos. Igual que las sensaciones: la certidumbre de la muerte, ¡el terror espantoso de esa certidumbre! luego, algo así como un aniquilamiento espiritual destrozando su cuerpo.

¿Cuándo había empezado aquello? No lo recordaba exactamente. Quizás fue un día en la plaza, contemplando el mar, el·ritmo eterno de las aguas; su inevitabilidad, su destino inalterado por milenios. O quizás otro día que vio las ruinas de la casa donde había nacido. Trató de reconstruir los años lejanos, la fisonomía de la casona con su balcón de maderas caladas.[13] Pero era imposible. "Esto" no podía ser "aquello". O cuando visitó el fuerte español y sus manos acariciaron las piedras centenarias, y pensó en las generaciones muertas que también habían rozado aquellas piedras. No sabía cuándo. Pero en uno de esos instantes había tenido una clara conciencia del tiempo en relación a lo que cambia por medio de la muerte. Y había percibido su mortalidad agudamente, dolorosamente. Y la muerte empezó a rondar su vida, a torturar su mente, a pesar sobre su conciencia.

Como necesidad imperiosa vino a él la urgencia de no pensar. Quizás hubiera sido preferible provocar los reproches de Yolanda para retenerla a su lado. Yolanda nunca le permitía pensar.

De pronto sorprendió su mirada errante deteniéndose en un par de piernas femeninas. Un par de piernas erguidas frente a un escaparate.

---

9. **meteórica:** (*metaphor*) like a meteor.   10. **atestado:** full.   11. **neumáticos:** tires.
12. **rechinaron:** screeched.   13. **caladas:** sculpted, like lacework.

No pudo precisar si las piernas estaban desnudas o semiveladas por medias de cristal. Pero sí observó que las zapatillas rojas y escotadas[14] parecían demasiado pequeñas para los pies gordezuelos.[15] El tobillo, sin embargo, era fino, abriéndose en curva grácil hasta la pantorrilla redonda y llena. La falda de seda negra detenía la mirada más abajo de la rodilla. Pensó otra vez en Yolanda.

Las piernas de Yolanda eran de una suave esbeltez que a él le seducía. En una ocasión le había dicho que eran dos hermosos tallos para los lirios de sus muslos.[16] Ella se había indignado, pero acabó riendo a carcajadas.

¡Si tan sólo Yolanda no se empeñara en actuar como esposa! Su vida en común tenía en ocasiones cierto sabor a matrimonio que él detestaba. Sobre todo cuando Yolanda se decidía a hacer de él un hombre útil. Ahora la cosa le sonaba risible. Pero la decisión de ella tenía el poder de agriar su existencia por varias semanas.

Yolanda odiaba sus excesos alcohólicos. El despertar del domingo era regularmente una sesión de moral y ética. Sus escapadas sabatinas la sacaban de quicio.[17] Era entonces cuando él se preguntaba si su unión con Yolanda no era en realidad la de un convencional matrimonio.

Pero Yolanda poseía una rara habilidad para despertar en él el placer. Y él agradecía el placer que llegaba a sus sentidos fácilmente, sin innecesarias complicaciones, sin que fuese preciso poner en juego los ardides[18] de la tradicional caza de la hembra. Habría preferido arder en su propio fuego antes que violentar su indolencia. Porque la actividad le aterraba. Todo acto preconcebido significaba *un paso más hacia la muerte*.

Notó de pronto unos pies masculinos detrás de las zapatillas rojas. Unos pies enormes calzados de negro. Observó manchas de barro fresco sobre el brillo del charol.[19] Luego, el filo cortante de unos pantalones grises.

Las zapatillas escotadas permanecieron inmóviles, impasibles, ante la presencia negra y amenazante de los zapatos masculinos. Pero las piernas de pantorrillas[20] redondas asumieron suavemente un ángulo más agudo. Su mirada siguió ávida el movimiento de las piernas que fue subiendo hasta la cintura. Las caderas apretadas en su prisión de seda negra habían asumido, en proporción adecuada, la misma curva de las pantorrillas.

---

14. escotadas: open like a low-cut dress. **15. gordezuelos:** fat. **16. tallos... muslos:** (*metaphor*) stalks for the white lilies of her thighs, that is, for her lily-white thighs. **17. la...quicio:** drove her crazy. **18. ardides:** tricks. **19. charol:** patent leather. **20. pantorrillas:** calves.

La escena le produjo un ligero vértigo y tuvo que apoyarse en la pared más próxima. Pero sintió la urgencia de observar la expresión del hombre y la mujer. Alzó la vista. Un grito de terror se estranguló en su garganta. Vio ante sí dos rostros fríos, inexpresivos, petrificados. Rostros sin sangre, sin músculos, sin sexo. Dos carátulas[21] lívidas que miraban sin ver el escaparate.[22] La horrible visión trajo a su ser la conciencia de la muerte. Y echó a correr enloquecido.

En el aturdimiento de su fuga vio el anuncio de un "bar" y sintió la tentación de un trago, pero le aterró el pensamiento de penetrar en un lugar extraño. Pasó de largo y fue a chocar contra un transeúnte. Escuchó a medias las frases de protesta. Tuvo la intención de excusarse, pero la calva[23] del transeúnte le recordó a su jefe. Y ya no le fue posible pronunciar palabra. En su mente la calva familiar, amarillenta, tersa, reluciente, fue adquiriendo proporciones monstruosas.

Olvidó que huía de los dos rostros lívidos. La indignación ahogó de súbito la visión macabra. Y sintió su cuerpo invadido por el odio como una oleada caliente que le subía desde los pies.

El odio hacia el jefe era uno de los sentimientos que con mayor esmero[24] cultivaba. Casi sentía cariño por aquel odio suyo. Yolanda aseguraba que el jefe era un ser extraordinario, el modelo inevitable cuando ella quería dar un ejemplo del hombre útil. ¡Cómo odiaba él aquella habilidad para ser útil!

Se vio de pronto en la oficina larga y estrecha, en el entresuelo[25] de la tienda. A la derecha de su escritorio, las persianas grises de polvo que se abrían sobre la calle. A la izquierda, una baranda baja que dominaba el piso principal de la tienda. Porque la oficina del entresuelo no era otra cosa que una torre de espionaje desde la cual las deficiencias de los empleados y las raterías[26] de los clientes podían ser fácilmente descubiertas. Aunque él a veces pensaba que la baranda del entresuelo era el borde de un precipicio y la planta baja de la tienda una sima[27] negra, insondable, espantosa.

El sonido seco e insistente de la caja registradora llegaba claramente a sus oídos torturándole. Era quizás una de las causas de su intensa aversión por aquel trabajo rutinario. Además de su profundo desprecio por los clientes. El hijo del jefe tampoco le simpatizaba. Aquella sonrisa

---

21. carátulas: tragic theatrical masks. **22. escaparate:** show window. **23. la calva:** the bald head. **24. esmero:** care. **25. entresuelo:** mezzanine. **26. raterías:** robberies. **27. sima:** abyss.

perenne, femenil e insinuante, que tanto complacía a las parroquianas, le alteraba los nervios.

Cuando se descubría a sí mísmo sentado en la oficina le parecía haber sido arrojado allí como un reto a sus capacidades de criatura humana. Experimentaba por ello la urgencia de incorporarse a aquel mundo extraño. Pero surgía entonces el terror de actuar. En cierto modo era un consuelo pensar que el jefe sabía siempre lo que él debía hacer. Quizás por esa precisa razón le odiaba tanto. Y quizás también porque el jefe no tenía conciencia de la muerte.

La seguridad del jefe hacía resaltar su propia incapacidad para hacerse una vida. Y llegaba a él la angustia de su impotencia, la incertidumbre de su destino, el desconocimiento total de su relación con el mundo que le rodeaba. Y el miedo se le agarraba al corazón. Miedo de que sobre él pesara la responsabilidad de una vida que no lograba descifrar. Cada momento era una encrucijada[28] detrás de la cual estaba la urgencia implacable de actuar. Y la muerte después. La muerte siempre. Lo fatal. Lo inevitable.

Yolanda se refugiaba en una religión. Era un consuelo. Pero a él le estaba vedado[29] ese refugio. No existe consuelo para el hombre que cree haber descubierto que no tiene alma. Soledad. Y siempre una fuerza absurda empujándole a actuar, a vivir. Le aplastaba ese sentirse empujado sin fin, sin propósito alguno.

El chirriar[30] de neumáticos en el pavimento apenas si le sacó de su abstracción. Otro camión con gente armada. Sin escuchar los insultos del conductor cruzó la calle y se metió en un pasadizo estrecho y oscuro. La humedad del callejón le provocó un escalofrío. Se dio cuenta entonces que estaba empapado en sudor, y sólo pensó en salir cuanto antes a un espacio soleado. Atravesó el pasadizo rápidamente y fue a desembocar[31] en una callejuela de edificios chatos.[32]

Le sorprendió la afluencia[33] de personas a aquella callejuela sin importancia. Varios grupos obstruían el paso. En medio de la calle había congregado un puñado de adolescentes de ambos sexos. Los varones vestían pantalón blanco y camisa negra. Las chicas llevaban uniforme blanco. Parecían aprendices de enfermera. Era una juventud pálida y taciturna. Pensó que se trataba de una procesión religiosa. Pero el ambiente en nada recordaba la aparatosidad[34] católica.

28. **encrucijada:** crossroads. 29. **vedado:** prohibited. 30. **chirriar:** screech.
31. **desembocar:** come out on. 32. **chatos:** low, flat. 33. **afluencia:** multitude, abundance. 34. **aparatosidad:** showiness.

De pronto comprendió al ver la bandera isleña.[35] Eran los revolucionarios. Iban a desfilar por la ciudad. Sintióse cansado y buscó el apoyo de un poste de alumbrado eléctrico para observar cómodamente. ¿Qué querían aquellos locos? Aparentemente nada. Se organizaban para el desfile. Iban desarmados y ni siquiera se animaban unos a otros con gritos estentóreos[36] como es de rigor en una manifestación política. La palabra "política" quedó unos instantes en su cerebro como un cometa perdido. ¡Qué detestable sonaba en sus oídos la palabra! Nunca la había comprendido del todo, pero las pocas veces que venía a su mente la relacionaba con vociferaciones[37] ininteligibles. Siempre las mismas gesticulaciones, siempre voces distintas vociferando las mismas gesticulaciones, siempre voces distintas vociferando las mismas patrañas,[38] siempre el mismo desfile de trapos colorinescos[39] enarbolados[40] por idénticas manos fanáticas. Y ahora éstos que por variar querían hacer la revolución. Sintió unos enormes deseos de reír observando los cuerpos enclenques[41] y prematuramente derrotados de aquella juventud revolucionaria.

Pero el silencio de la calle le intrigaba. Y le pareció descubrir algo en los ojos de los adolescentes que desvaneció su risa. Había en ellos decisión, voluntad, seguridad absoluta en sí mismos. ¿Qué significaba aquello? ¿Una simple demonstración superficial? ¿O era indicio de que alguien había descubierto un modo de dar razón a la existencia? ¿De dar razón a la existencia a pesar de la muerte?

Sintió frío. Pero esta vez el sol le daba de lleno en la cara. Decidir. ¡Si tan sólo él pudiera hacerlo! Sin embargo tropezó una vez más con el pensamiento de la muerte. Y le invadió la angustia.

Hasta entonces se había considerado solo en su angustia, y aunque ello era doloroso le consolaba pensar que los otros no tenían conciencia del ser en la vida. Por eso vivían como autómatas, sin sentir el miedo metafísico que le atormentaba a él. Pero ahora, de súbito, como un deslumbramiento, llegó a dudar. Podía ser posible entonces que otros sintieran como él y hubieran llegado a resolver el conflicto. Decidir. ¡Si tan sólo él pudiera hacerlo! ¡Si tan sólo la muerte no constituyera un obstáculo! La duda engendraba una esperanza. Y sintióse asombrado.

---

35. bandera isleña: flag of the Puerto Rican independence movement. **36. estentóreos:** very loud. **37. vociferaciones:** shouting. **38. patrañas:** lies. **39. colorinescos:** vividly colored. **40. enarbolados:** hoisted like banners. **41. enclenques:** frail.

Pero con un asombro nuevo. Ese asombro exaltado y feliz que precede
a toda revelación.

Observó que un movimiento ondulatorio recorría a la multitud de
espectadores apiñada[42] en las aceras. De momento no pudo explicarse
la causa. Pero, luego, descubrió en ambos extremos de la calle dos
grupos extraños. Eran policías. Vio en sus manos unas terribles armas
modernas. Pensó en los adolescentes. Volvió la mirada al centro de la
calle y le sorprendió comprobar que seguían organizándose ignorando
fríamente la presencia de aquella fuerza amenazadora. ¿Sabrían ellos
que aquella era la encrucijada, la terrible e implacable encrucijada a la
cual él se enfrentaba diariamente?

Los dos grupos de policías desparramáronse[43] en ambos extremos
de la calle. Un pesado silencio ahogó a los espectadores. Los preparativos
de las armas modernas sonaron como una serie de latigazos en el silencio
de la calle. Y él pensó en la vida. La vida que era sólo preludio de la
muerte. ¡Pero esta inmediatez, esta inminencia de la muerte...! ¿Qué
pensarían los adolescentes? ¿Les preocuparía quizás la salvación del
alma? ¿Creerían como él que no poseían alma?

Le pareció absurda la indiferencia mutua entre los adolescentes
revolucionarios y los agentes de uniforme azul. Diríase que la presencia
de los unos no estaba en modo alguno relacionada con la presencia de
los otros. Y preguntóse si no era ridículo relacionar las bocas negras de
las armas modernas con las carnes pálidas y anémicas de los adolescentes.
Era obvio que unos iban a matar y otros a morir, pero los dos actos
parecían ajenos entre sí.

Vio de pronto tremolar[44] la bandera de la independencia en manos
de un jovenzuelo de rostro escuálido a tiempo que llegaron a él los
acordes estridentes del himno revolucionario. Los adolescentes, organi-
zados en doble fila, no sumaban más de sesenta. Pálidos y decididos
iban a iniciar el desfile.

Fue en ese preciso instante que la revelación llegó a él de un modo
fulminante. Salvar el alma era una frase sin sentido, lo esencial era
salvar la existencia. El miedo original de la muerte estaba siempre ahí.
Siempre estaría ahí. No se podía evitar la muerte. Pero sí podía aceptarse.
Más aún, era preciso aceptar su constitutiva posibilidad. Porque
aceptándola se eliminaba la resistencia y era posible entonces alcanzar

---

42. **apiñada:** piled together.   43. **desparramáronse:** spread out.   44. **tremolar:**
wave.

la libertad. Libertad para actuar, para dar un sentido a la existencia. ¡Existir! ¡Existir plenamente! Sintióse tan aturdido que quiso gritar su liberación. Y no pudo menos que experimentar un vago sentimiento de gratitud por los revolucionarios anémicos.

Se dio cuenta entonces que los adolescentes habían iniciado el desfile. Marchaban militarmente al compás del himno. Parecían niños jugando a los soldados. Pero él sabia ya que en sus miradas solemnes llevaban un peso de siglos. Los policías en cambio nada descubrían en los adolescentes. Los veían acercarse fríos e indiferentes.

Sólo unos pasos separaban a los revolucionarios de los agentes de uniforme azul. De pronto, las bocas de acero vomitaron su carga. Y las balas fueron un lazo común entre los dos grupos.

El vio cómo los cuerpos empezaron a troncharse[45] suavemente. Y vio también cómo los espectadores, despertando a la realidad, iniciaban una loca desbandada.[46] Observó entonces que las máquinas negras del otro extremo de la calle se unían al coro fatídico. Estaban cogidos entre dos fuegos.

La orgía de muerte parecía prolongarse por siglos. Y en medio de la confusión le asombraba haber conservado su lucidez. Percibía todos los detalles. Sus sentidos eran antenas monstruosas captando todas las ondas. Le pareció absurdo, pero estaba seguro que su oído echaba de menos algo entre los mil ruidos de aquel infierno. Y comprendió al fin que era la música de la banda ya silenciada. Sólo el chico de los platillos,[47] con las piernas destrozadas por la metralla, incorporado a medias sobre el pavimento, continuaba penosamente golpeando los discos. Y el sonido rítmico de aquel metal como acompañamiento trágico de las armas de fuego producía un efecto enloquecedor. Una bala caritativa hizo callar los platillos. Un poco más allá vio a un adolescente herido luchando desesperadamente por mantener en alto el pabellón[48] revolucionario.

Pensó que la revelación había llegado a él casi simultánea con la muerte a los revolucionarios. La multitud le había empujado contra la pared de un edificio y esto le protegía de las balas. Pero se sentía libre. Libre para escoger su propio destino. Veía la lucha del adolescente agónico para sostener en alto el pabellón revolucionario. Y por vez primera en su vida sintióse seguro de sí mismo. Rechazó a la multitud que le aplastaba. Desesperadamente logró abrir una brecha en el muro

45. **troncharse:** to be cut off abruptly. 46. **desbandada:** scattering. 47. **platillos:** cymbals. 48. **pabellón:** flag.

humano. Pasó por encima de los caídos. La sangre de algunos espectadores heridos salpicó[49] sus ropas.

Jadeante, enardecido, llegó al centro de la calle. De un salto estuvo al lado del revolucionario agónico. El acto de agarrar el pabellón dióle una jamás sentida sensación de elevación mística. El adolescente dejó caer la cabeza y en sus ojos petrificóse una mirada de gratitud.

La bandera flotaba hecha jirones.[50] La estrella había sido desgarrada[51] por las balas. Las franjas[52] rojas salpicaban el aire con su sangre de hilachas.[53] Yolanda, el jefe, el hijo del jefe, la oficina, no pertenecían ya a su mundo. Quiso gritar cosas terribles. Pero toda su existencia se concentraba en el acto de ondear[54] triunfante el pabellón revolucionario desafiando las balas homicidas. Se dio cuenta, sin embargo, que la bandera, la patria, la revolución, tampoco tenían para él significado alguno. Lo que importaba era la acción. Era el acto de actuar lo que le salvaba. Toda su vida inútil había encontrado de súbito[55] un sentido que se expresaba en ese movimiento rítmico del pabellón por encima de su cabeza.

Sintió de pronto que un cinturón de fuego le apretaba el vientre. No era demasiado doloroso, pero su cuerpo doblóse como si un resorte se hubiera roto dentro de él. Cayó de rodillas preocupado porque el pabellón se mantuviese en lo alto. Una ráfaga candente le abrasó el pecho.[56] El pabellón cayó bruscamente y su cabeza fue a descender sobre el trapo colorinesco. Una dulzura espesa empezó a invadirle desde los pies. La sensación avanzó rápidamente cuerpo arriba. Antes de que llegase a su garganta pudo pensar: "¿Será esto la muerte?". Pero no tuvo tiempo de cerciorarse.[57]

49. **salpicó:** splattered.   50. **hecha jirones:** torn to shreds.   51. **desgarrada:** torn.
52. **franjas:** bands.   53. **hilachas:** threads.   54. **ondear:** wave.   55. **de súbito:** *
56. **Una...pecho:** A red-hot flash burnt his chest.   57. **cerciorarse:** to make sure.

CUESTIONARIO

1. ¿Cómo se sintió el protagonista al levantarse por la mañana?

2. ¿Qué impresiones o sensaciones tuvo al salir a la calle?

3. ¿Qué aspecto de Yolanda le gustaba? ¿Qué aspecto de ella detestaba?

4. ¿Qué es lo que ve cuando mira la expresión del hombre y de la mujer

que encuentra en la calle? ¿Se trata de la realidad o de una alucinación?

5. ¿Qué sentimientos tenía por su jefe?

6. ¿De qué manera la actitud del jefe hacía resaltar un aspecto negativo del protagonista?

7. ¿Cuál era el consuelo de Yolanda? ¿Él lo compartía?

8. ¿Qué estaba pasando en la calle?

9. ¿Cuál era su actitud hacia la palabra "política"?

10. ¿Qué incidente ocurrió súbitamente en la calle?

11. ¿Qué revelación tuvo el protagonista?

12. ¿Qué le pasó?

CARLOS FUENTES

MÉXICO, 1928

The most international of Mexican novelists, Carlos Fuentes is equally at home in Paris or in Mexico City, in Barcelona or in Rome. His novels and characters may be located in London or in Prague, in Acapulco or in Buenos Aires, on the high plateau of Madrid or on a sunny Greek island. He seems to have visited all places and have been on first-name terms with everybody (who is somebody, of course). He was destined from birth to this international outlook by his father's profession. A diplomat, he took Carlos all over the world. Carlos built sandcastles on Montevideo's wonderful beaches and spent summers in Rio de Janeiro, attended an English school in Santiago de Chile and learned to love American films in Buenos Aires; as a little boy he was hugged by Franklin Roosevelt at a reception in Washington, D.C., and as a youth he received a law degree in Geneva. When he published his first novel, Fuentes was already an accomplished and sophisticated man of the world. But the novel was about Mexico City.

La región más transparente (1958), as well as the subsequent *Las buenas conciencias* (1959), *La muerte de Artemio Cruz* (1962), and *Aura* (1962), are very much concerned with Mexico's national identity: that same identity that had been so well explored by Octavio Paz in his masterful essay *El laberinto de la soledad* (1950). In a sense, Fuentes adapted to fiction Paz's views of Mexico. In doing so, he dramatized the plight of a country that had fought a long, genocidal revolution to achieve social justice and independence from international capitalism, to end up by creating a new class of profiteers and a more sophisticated version of economic dependence. In his novels, Fuentes obsessively explores what went wrong with the Mexican Revolution. In a way, he rewrote the whole of the narrative of the Mexican Revolution, and his novels can be seen as an updating of Mariano Azuela's *Los de abajo* (1916), Martín Luis Guzmán's *La sombra del caudillo* (1930), Agustín Yañez's *Al filo del agua* (1947), and, especially, Juan Rulfo's* *Pedro Páramo* (1955). *Caudillos* and passionate heroines, tycoons and intellectuals, peasants and medicine women, whores and playboys—the whole spectrum of Mexican society was caught in the novels of the young Fuentes, who showed an appetite for writing similar to that of the prolific French novelist Honoré de Balzac (1799–1850).

But already in *Aura* there was a new dimension. That short novel, about the spell an old woman casts on a young man, a historian, to the point of creating out of herself a younger, more appetizing niece, was symbolic in more ways than one. The plot was reminiscent of some classics of nineteenth-century narrative: Aleksander Pushkin's *Queen of Spades* (1834), Charles Dickens's *Great Expectations* (1860–61), and Henry James's *The Aspern Papers* (1888) offered prototypes of an old woman's spell on a young man. But it was Mexico itself, its history and mythology, that provided the more striking images. As a boy, Fuentes had visited the Imperial Museum of Chapultepec and had seen a portrait of Empress Carlota, who had been the victim, with her husband Maximilian, of Napoleon III's ambitions in Mexico. Carlota survived the execution of her husband and lived for another sixty years, dying, totally insane, in 1928, the year Fuentes was born. Since he first saw Carlota's image, Fuentes was haunted by her. To exorcise the image, he wrote *Aura*. But *Aura* was also an attempt to exorcise the hold that the past had on Mexico. The old woman was Mexico's past, disguising itself as an attractive present, but rotten to the core.

The same subject of the two women who are one can be seen in a modern disguise in Fuentes' story "Las dos Elenas." Using the device of the unreliable narrator,* in this case the young male protagonist, Fuentes presents a happy picture of a young couple and the wife's parents. Little by little the reader is made aware that the narrator is attracted to his mother-in-law, until the last sentence reveals why. The setting is the frivolous, jet-set society of Mexico City, which Fuentes describes with merciless irony. Written when the French New Wave in movies was still new, the narrative is full of allusions to topical films of the period. One, François Truffaut's *Jules et Jim* (1962), is the story of a woman who has two men. In Fuentes' story, the protagonist's wife tries to be as liberated as the woman in *Jules et Jim*, but the irony of the story is that it is the husband who has two women—which confirms that in Mexico, *machismo* prospers as usual. Another source of this story is one of Luis Buñuel's* more deadly dissections of the Mexican bourgeosie: *El ángel exterminador* (1962). The characters in Fuentes' story hold the same inauthentic values of those in the movie, and they are paralyzed by the same unawareness of the hidden revolutionary forces that are changing society.

One of the most effective scenes in the story occurs at lunch, when the protagonists criticize the United States for its treatment of blacks while they are being served by a humble and servile Indian. This type of blindness is very common in Latin America, where even left-wing intellectuals do not hesitate to exploit housemaids. In terms of social criticism, this compact short story is one of Fuentes' best. It is also witty and malicious. It was originally published in a collection titled *Cantar de ciegos* (1964). The title is ironic because the sophistication of Fuentes' prose (modeled on the best narrators from John Dos Passos and William Faulkner to Jean Paul Sartre, Alberto Moravia, and Raymond Chandler) has very little to do with the Blindman's style of song. But blind men are both the protagonists and narrators of Fuentes' stories.

LAS DOS ELENAS

—No sé de dónde le salen esas ideas a Elena. Ella no fue educada de ese modo. Y usted tampoco, Víctor. Pero el hecho es que el matrimonio la ha cambiado. Sí, no cabe duda. Creí que le iba a dar un ataque[1] a mi marido. Esas ideas no se pueden defender, y menos a la hora de la cena. Mi hija sabe muy bien que su padre necesita comer en paz. Si no, en seguida le sube la presión.[2] Se lo ha dicho el médico. Y después de todo, este médico sabe lo que dice. Por algo cobra a doscientos pesos la consulta.[3] Yo le ruego que hable con Elena. A mí no me hace caso. Dígale que le soportamos[4] todo. Que no nos importa que desatienda su hogar por aprender francés. Que no nos importa que vaya a ver esas películas rarísimas a unos antros[5] llenos de melenudos.[6] Que no nos importan esas medias rojas de payaso. Pero que a la hora de la cena le diga a su padre que una mujer puede vivir con dos hombres para complementarse...Víctor, por su propio bien usted debe sacarle esas ideas de la cabeza a su mujer.

Desde que vio *Jules et Jim* en un cine-club, Elena tuvo el duende[7] de llevar la batalla a la cena dominical con sus padres —la única reunión obligatoria de la familia—. Al salir del cine, tomamos el MG y nos fuimos a cenar al Coyote Flaco en Coyoacán. Elena se veía, como siempre, muy bella con el suéter negro y la falda de cuero y las medias que no le gustan a su mamá. Además, se había colgado una cadena de oro de la cual pendía un tallado en jadeíta[8] que, según un amigo antropólogo, describe al príncipe Uno Muerte de los mixtecos.[9] Elena, que es siempre tan alegre y despreocupada, se veía, esa noche, intensa: los colores se le habían subido a las mejillas y apenas saludó a los amigos que generalmente hacen tertulia[10] en ese restaurante un tanto gótico.[11] Le pregunté qué deseaba ordenar y no me contestó; en vez, tomó mi puño y me miró fijamente. Yo ordené dos pepitos con ajo[12] mientras Elena agitaba su cabellera rosa pálido y se acariciaba el cuello:

1. **le...ataque:** he would have an attack.   2. **le...presión:** his blood pressure goes up.   3. **cobra...consulta:** charges two hundred pesos a visit.   4. **soportamos:** we'll put up with.   5. **antros:** dives.   6. **melenudos:** hippies.   7. **tuvo el duende:** had a bee in her bonnet.   8. **tallado en jadeíta:** jade figurine.   9. **príncipe...mixtecos:** a prince of the Mixtec Indians. The Mixtecs inhabited the Oaxaca region of southern Mexico around 1500 B.C., long before the Aztecs ruled central Mexico.   10. **hacen tertulia:** get together.   11. **restaurante...gótico:** a rather Gothic—that is, strange—restaurant.   12. **pepitos con ajo:** steak and garlic sandwiches.

—Víctor, nibelungo,[13] por primera vez me doy cuenta que ustedes tienen razón en ser misóginos y que nosotras nacimos para que nos detesten. Ya no voy a fingir más. He descubierto que la misoginia es la condición del amor. Ya sé que estoy equivocada, pero mientras más necesidades exprese, más me vas a odiar y más me vas a tratar de satisfacer. Víctor, nibelungo, tienes que comprarme un traje de marinero antiguo como el que saca[14] Jeanne Moreau.

Yo le dije que me parecía perfecto, con tal de que lo siguiera esperando todo de mí. Elena me acarició la mano y sonrió.

—Ya sé que no terminas de liberarte, mi amor. Pero ten fe. Cuando acabes de darme todo lo que yo te pida, tú mismo rogarás que otro hombre comparta nuestras vidas. Tú mismo pedirás ser Jules. Tú mismo pedirás que Jim viva con nosotros y soporte el peso. ¿No lo dijo el Güerito?[15] Amémonos los unos a los otros, cómo no.[16]

Pensé que Elena podría tener razón en el futuro; sabía después de cuatro años de matrimonio que al lado suyo todas las reglas morales aprendidas desde la niñez tendían a desvanecerse naturalmente. Eso he amado siempre en ella: su naturalidad. Nunca niega una regla para imponer otra, sino para abrir una especie de puerta, como aquellas de los cuentos infantiles, donde cada hoja ilustrada contiene el anuncio de un jardín, una cueva, un mar a los que se llega por la apertura secreta de la página anterior.

—No quiero tener hijos antes de seis años —dijo una noche, recostada sobre mis piernas, en el salón oscuro de nuestra casa, mientras escuchábamos discos de Cannonball Adderley; y en la misma casa de Coyoacán que hemos decorado con estofados[17] policromos y máscaras coloniales de ojos hipnóticos: —Tú nunca vas a misa y nadie dice nada. Yo tampoco iré y que digan lo que quieran;[18] y en el altillo que nos sirve de recámara[19] y que en las mañanas claras recibe la luz de los volcanes: —Voy a tomar el café con Alejandro hoy. Es un gran dibujante y se cohibiría si tú estuvieras presente y yo necesito que me explique a solas algunas cosas; y mientras me sigue por los tablones[20] que comunican los pisos inacabados del conjunto de casas que construyo en el

---

13. **nibelungo:** (*nickname*) Nibelung, or medieval Germanic knight.   14. **saca:** wears.
15. **Güerito:** blond, nickname for Christ here.   16. **Amémonos...no:** Let's love one another, of course.   17. **estofados:** ceramic ornaments.   18. **que digan...quieran:** let them say what they want.   19. **altillo...recámara:** attic that we use as a bedroom.
20. **tablones:** planks.

Desierto de los Leones:[21] —Me voy diez días a viajar en tren por la República; y al tomar un café apresurado en el Tirol a media tarde, mientras mueve los dedos en señal de saludo a los amigos que pasan por la calle de Hamburgo:[22] —Gracias por llevarme a conocer el burdel, nibelungo. Me pareció como de tiempos de Toulouse-Lautrec, tan inocente como un cuento de Maupassant. ¿Ya ves? Ahora averigüé que el pecado y la depravación no están allí, sino en otra parte; y después de una exhibición privada de *El ángel exterminador:* —Víctor, lo moral es todo lo que da vida y lo inmoral todo lo que quita vida, ¿verdad que sí?

Y ahora lo repitió, con un pedazo de *sandwich* en la boca: —¿Verdad que tengo razón? Si un *ménage à trois* nos da vida y alegría y nos hace mejores en nuestras relaciones personales entre tres de lo que éramos en la relación entre dos, ¿verdad que eso es moral?

Asentí mientras comía, escuchando el chisporroteo[23] de la carne que se asaba a lo largo de la alta parrilla.[24] Varios amigos cuidaban de que sus rebanadas[25] estuvieran al punto que deseaban y luego vinieron a sentarse con nosotros y Elena volvió a reír y a ser la de siempre. Tuve la mala idea de recorrer los rostros de nuestros amigos con la mirada[26] e imaginar a cada uno instalado en mi casa, dándole a Elena la porción de sentimiento, estímulo, pasión o inteligencia que yo, agotado en mis límites, fuese incapaz de obsequiarle. Mientras observaba este rostro agudamente dispuesto a escuchar (y yo a veces me canso de oírla), ése amablemente ofrecido a colmar las lagunas de los razonamientos (yo prefiero que su conversación carezca de lógica o de consecuencias), aquél más inclinado a formular preguntas precisas y, según él, reveladoras (y yo nunca uso la palabra, sino el gesto o la telepatía para poner a Elena en movimiento), me consolaba diciéndome que, al cabo, lo poco que podrían darle se lo darían a partir de cierto extremo de mi vida con ella, como un postre, un cordial, un añadido.[27] Aquél, el del peinado a lo Ringo Starr, le preguntó precisa y reveladoramente por qué seguía siéndome fiel y Elena le contestó que la infidelidad era hoy una regla, igual que la comunión todos los viernes antes, y lo dejó de mirar. Ése, el del cuello de tortuga[28] negro, interpretó la respuesta de Elena añadiendo que, sin duda, mi mujer quería decir que ahora la fidelidad

---

21. Desierto de los Leones: an elegant neighborhood in Mexico City. **22. calle...Hamburgo:** a street in the fashionable Zona Rosa (Rose Quarter) in downtown Mexico City. **23. chisporroteo:** sputtering. **24. parrilla:** grill. **25. rebanadas:** slices. **26. recorrer...mirada:** studying the faces of our friends. **27. añadido:** something extra. **28. cuello de tortuga:** turtleneck.

volvía a ser la actitud rebelde. Y éste, el del perfecto saco eduardiano[29] sólo invitó con la mirada intensamente oblicua a que Elena hablara más: él sería el perfecto auditor. Elena levantó los brazos y pidió un café exprés al mozo.

Caminamos tomados de la mano por las calles empedradas[30] de Coyoacán,[31] bajo los fresnos,[32] experimentando el contraste del día caluroso que se prendía a nuestras ropas y la noche húmeda que, después del aguacero de la tarde, sacaba brillo a nuestros ojos y color a nuestras mejillas. Nos gusta caminar, en silencio, cabizbajos[33] y tomados de la mano, por las viejas calles que han sido, desde el principio, un punto de encuentro de nuestras comunes inclinaciones a la asimilación. Creo que de esto nunca hemos hablado Elena y yo. Ni hace falta. Lo cierto es que nos da placer hacernos de cosas viejas, como si las rescatáramos de algún olvido doloroso o al tocarlas les diéramos nueva vida o al buscarles el sitio, la luz y el ambiente adecuados en la casa, en realidad nos estuviéramos defendiendo contra un olvido semejante en el futuro. Queda esa manija[34] con fauces de león[35] que encontramos en una hacienda de los Altos y que acariciamos al abrir el zaguán de la casa, a sabiendas de que cada caricia la desgasta; queda la cruz de piedra en el jardín, iluminada por una luz amarilla, que representa cuatro ríos convergentes de corazones arrancados, quizás, por las mismas manos que después tallaron la piedra, y quedan los caballos negros de algún carrusel hace tiempo desmontado,[36] así como los mascarones de proa de bergantines[37] que yacerán en el fondo del mar, si no muestran su esqueleto de madera en alguna playa de cacatúas[38] solemnes y tortugas agonizantes.

Elena se quita el suéter y enciende la chimenea,[39] mientras yo busco los discos de Cannonball,[40] sirvo dos copas de ajenjo[41] y me recuesto a esperarla sobre el tapete.[42] Elena fuma con la cabeza sobre mis piernas y los dos escuchamos el lento saxo[43] del Hermano Lateef,[44] a quien conocimos en el Gold Bug de Nueva York con su figura de brujo

29. **saco eduardiano:** Edwardian jacket. 30. **empedradas:** cobblestoned. 31. **Coyoacán:** elegant neighborhood in Mexico City where Leon Trotsky (1879–1940), an exiled leader of the Russian Revolution, lived and was assassinated.. 32. **fresnos:** ash trees. 33. **cabizbajos:** heads down. 34. **manija:** doorknocker. 35. **fauces de león:** lion's gullet. 36. **algún carrusel...desmontado:** some carousel that was dismantled. 37. **mascarones de proa de bergantines:** figureheads of clipper ships. 38. **cacatúas:** cockatoos. 39. **chimenea:** fireplace. 40. **Cannonball:** Cannonball Adderley, jazz musician. 41. **ajenjo:** absinthe. 42. **tapete:** small rug. 43. **saxo:** saxophone. 44. **Hermano Lateef:** Yusef Lateef, jazz musician.

CARLOS FUENTES

congolés vestido por Disraeli,[45] sus ojos dormidos y gruesos como dos boas africanas, su barbilla de Svengali segregado y sus labios morados unidos al saxo que enmudece al negro para hacerlo hablar con una elocuencia tan ajena a su seguramente ronco tartamudeo[46] de la vida diaria, y las notas lentas, de una plañidera[47] afirmación, que nunca alcanzan a decir todo lo que quieren porque sólo son, de principio a fin, una búsqueda y una aproximación llenas de un extraño pudor, le dan un gusto y una dirección a nuestro tacto, que comienza a reproducir el sentido del instrumento de Lateef: puro anuncio, puro preludio, pura limitación a los goces preliminares que, por ello, se convierten en el acto mismo.

—Lo que están haciendo los negros americanos es voltearle el chirrión por el palito a los blancos[48] —dice Elena cuando tomamos nuestros consabidos lugares en la enorme mesa chippendale del comedor de sus padres—. El amor, la música, la vitalidad de los negros obligan a los blancos a justificarse. Fíjense que ahora los blancos persiguen físicamente a los negros porque al fin se han dado cuenta de que los negros los persiguen sicológicamente a ellos.

—Pues yo doy gracias de que aquí no haya negros —dice el padre de Elena al servirse la sopa de poro y papa[49] que le ofrece, en una humeante sopera[50] de porcelana, el mozo indígena que de día riega los jardines de la casota[51] de las Lomas.[52]

—Pero eso qué tiene que ver, papá. Es como si los esquimales dieran gracias por no ser mexicanos. Cada quien es lo que es y ya. Lo interesante es ver qué pasa cuando entramos en contacto con alguien que nos pone en duda y sin embargo sabemos que nos hace falta. Y que nos hace falta porque nos niega.

—Anda, come. Estas conversaciones se vuelven más idiotas cada domingo. Lo único que sé es que tú no te casaste con un negro, ¿verdad? Higinio, traiga las enchiladas.[53]

45. con...Disraeli: looking like a Congolese priest dressed in Victorian clothes; an ironic allusion to Prime Minister Benjamin Disraeli's rule during Queen Victoria's reign, when considerable portions of Africa fell under British control. **46. tartamudeo:** stuttering. **47. plañidera:** plaintive. **48. voltearle...blancos:** turning the whip around and using it on the whites. **49. sopa...papa:** potato and leek soup; *poro* (Mexican), leek, is normally spelled *porro* or *puero*, in Castilian Spanish. **50. sopera:** tureen. **51. casota:** (*pejorative*) mansion. **52. las Lomas:** elegant neighborhood in Mexico City. The conversation about the blacks in the United States is ironic here, since, while there is not a majority group of underprivileged blacks in Mexico, there is a majority of underprivileged Indians, such as the *mozo indígena* serving the soup. **53. enchiladas:** pancakes of maize with chili.

Don José nos observa a Elena, a mí y a su esposa con aire de triunfo, y doña Elena madre, para salvar la conversación languideciente, relata sus actividades de la semana pasada, yo observo el mobiliario de brocado color palo-de-rosa,[54] los jarrones chinos, las cortinas de gasa y las alfombras de piel de vicuña de esta casa rectilínea detrás de cuyos enormes ventanales se agitan los eucaliptos de la barranca.[55] Don José sonríe cuando Higinio le sirve las enchiladas copeteadas[56] de crema y sus ojillos verdes se llenan de una satisfacción casi patriótica, la misma que he visto en ellos cuando el Presidente agita la bandera el 15 de septiembre,[57] aunque no la misma —mucho más húmeda— que los enternece cuando se sienta a fumar un puro frente a su sinfonola[58] privada y escucha boleros.[59] Mis ojos se detienen en la mano pálida de doña Elena, que juega con el migajón de bolillo[60] y recuenta, con fatiga, todas las ocupaciones que la mantuvieron activa desde la última vez que nos vimos. Escucho de lejos esa catarata[61] de idas y venidas, juegos de canasta, visitas al dispensario de niños pobres, novenarios, bailes de caridad, búsqueda de cortinas nuevas, pleitos[62] con las criadas, largos telefonazos[63] con los amigos, suspiradas visitas a curas, bebés, modistas, médicos, relojeros, pasteleros, ebanistas[64] y enmarcadores.[65] He detenido la mirada en sus dedos pálidos, largos y acariciantes, que hacen pelotitas con la migaja.

—...les dije que nunca más vinieran a pedirme dinero a mí, porque yo no manejo nada. Que yo los enviaría con gusto a la oficina de tu padre y que allí la secretaria los atendería...

...la muñeca delgadísima, de movimientos lánguidos, y la pulsera[66] con medallones del Cristo del Cubilete, el Año Santo en Roma y la visita del Presidente Kennedy, realzados en cobre y en oro,[67] que chocan entre sí mientras doña Elena juega con el migajón...

—...bastante hace una con darles su apoyo moral, ¿no te parece? Te busqué el jueves para ir juntas a ver el estreno del *Diana*.[68] Hasta

---

54. **mobiliario...palo-de-rosa:** furniture covered with tulipwood-colored brocade.
55. **barranca:** ravine. 56. **copeteadas:** topped. 57. **el 15 de septiembre:** Mexican Independence Day. 58. **sinfonola:** victrola. 59. **bolero:** slow, sensual Caribbean dance, with sentimental lyrics. 60. **juega...bolillo:** makes little balls with the inside of the bread; this shows bad manners on the part of Doña Elena. 61. **catarata:** cataract, waterfalls; *metaphorically* it suggests an abundance. 62. **pleitos:** arguments. 63. **telefonazos:** telephone calls. 64. **ebanistas:** cabinet-makers. 65. **enmarcadores:** picture framers. 66. **pulsera:** bracelet. 67. **medallones...oro:** copper and gold embossed medallions commemorating the Christ of the Dice Cup, the Holy Year in Rome, and President Kennedy's visit to Mexico City. 68. *Diana:* movie theater on the Paseo de la Reforma, principal avenue of Mexico City.

mandé al chofer desde temprano a hacer cola,[69] ya ves qué colas hay el día del estreno...

...y el brazo lleno, de piel muy transparente, con las venas trazadas como un segundo esqueleto, de vidrio, dibujado detrás de la tersura blanca.

—...invité a tu prima Sandrita y fui a buscarla con el coche pero nos entretuvimos con el niño recién nacido. Está precioso. Ella está muy sentida[70] porque ni siquiera has llamado a felicitarla. Un telefonazo no te costaría nada, Elenita...

...y el escote[71] negro abierto sobre los senos altos y apretados como un nuevo animal capturado en un nuevo continente...

—...después de todo, somos de la familia. No puedes negar tu sangre. Quisiera que tú y Víctor fueran al bautizo. Es el sábado entrante. La ayudé a escoger los ceniceritos[72] que van a regalarle a los invitados. Vieras que se nos fue el tiempo platicando y los boletos se quedaron sin usar.

Levanté la mirada. Doña Elena me miraba. Bajó en seguida los párpados y dijo que tomaríamos el café en la sala. Don José se excusó y se fue a la biblioteca, donde tiene esa rocola[73] eléctrica que toca sus discos favoritos a cambio de un falso veinte introducido por la ranura. Nos sentamos a tomar el café y a lo lejos el *jukebox* emitió un glu-glu y empezó a tocar *Nosotros*[74] mientras doña Elena encendía el aparato de televisión, pero dejándolo sin sonido, como lo indicó llevándose un dedo a los labios. Vimos pasar las imágenes mudas de un programa de tesoro escondido, en el que un solemne maestro de ceremonias guiaba a los cinco concursantes —dos jovencitas nerviosas y risueñas peinadas como colmenas,[75] un ama de casa muy modosa[76] y dos hombres morenos, maduros y melancólicos— hacia el cheque escondido en el apretado estudio repleto de jarrones, libros de cartón y cajitas de música.

Elena sonrió, sentada junto a mí en la penumbra de esa sala de pisos de mármol y alcatraces[77] de plástico. No sé de dónde sacó ese apodo ni qué tiene que ver conmigo, pero ahora empezó a hacer juegos de palabras con él mientras me acariciaba la mano:

—Nibelungo. Ni Ve Lungo. Nibble Hongo. Niebla lunga.[78]

---

69. **hacer cola:** stand on line. 70. **Ella...sentida:** She's very put out. 71. **escote:** low-cut dress. 72. **ceniceritos:** little ashtrays. 73. **rocola:** jukebox. 74. *Nosotros:* title of a bolero. 75. **colmenas:** beehive upsweep. 76. **modosa:** stylish; in this case, dressed up. 77. **alcatraces:** cornucopias. 78. **Nibelungo...lunga:** multilingual wordplays: Nibelung. Nor Sees Far. Nibble Mushroom. Long fog.

Los personajes grises, rayados, ondulantes buscaban su tesoro ante nuestra vista y Elena, acurrucada, dejó caer los zapatos sobre la alfombra y bostezó mientras doña Elena me miraba, interrogante, aprovechada de la oscuridad, con esos ojos negros muy abiertos y rodeados de ojeras[79] profundas. Cruzó una pierna y se arregló la falda sobre las rodillas. Desde la biblioteca nos llegaban los murmullos del bolero: *nosotros, que tanto nos quisimos* y, quizás, algún gruñido[80] del sopor[81] digestivo de don José. Doña Elena dejó de mirarme para fijar sus grandes ojos negros en los eucaliptos agitados detrás del ventanal. Seguí su nueva mirada. Elena bostezaba y ronroneaba,[82] recostada sobre mis rodillas. Le acaricié la nuca. A nuestras espaldas, la barranca que cruza como una herida salvaje las Lomas de Chapultepec parecía guardar un fondo de luz secretamente subrayado por la noche móvil que doblaba la espina de los árboles[83] y despeinaba sus cabelleras pálidas.[84]

—¿Recuerdas Veracruz? —dijo, sonriendo, la madre a la hija; pero doña Elena me miraba a mí. Elena asintió con un murmullo, adormilada sobre mis piernas, y yo contesté —Sí. Hemos ido muchas veces juntos.

—¿Le gusta? —Doña Elena alargó la mano y la dejó caer sobre el regazo.

—Mucho —le dije—. Dicen que es la última ciudad mediterránea. Me gusta la comida. Me gusta la gente. Me gusta sentarme horas en los portales y comer molletes[85] y tomar café.

—Yo soy de allí —dijo la señora; por primera vez noté sus hoyuelos.[86]

—Sí. Ya lo sé.

—Pero hasta he perdido el acento —rió, mostrando las encías—. Me casé de veintidós años. Y en cuanto vive una en México pierde el acento jarocho.[87] Usted ya me conoció, pues madurita.

—Todos dicen que usted y Elena parecen hermanas.

Los labios eran delgados pero agresivos: —No. Es que ahora recordaba las noches de tormenta en el Golfo. Como que el sol no quiere perderse, ¿sabe usted?, y se mezcla con la tormenta y todo queda bañado por una luz muy verde, muy pálida, y una se sofoca detrás de los batientes[88] esperando que pase el agua. La lluvia no refresca en el trópico. No más hace más calor.[89] Y no sé por qué los criados tenían que

79. ojeras: circles under eyes. 80. gruñido: grunt. 81. sopor: stupor. 82. ronroneaba: purred. 83. doblaba...árboles: bent the trees; *espina* (spine) is used metaphorically here. 84. despeinaba sus cabelleras: mussed their hair. 85. molletes: buttered buns. 86. hoyuelos dimples. 87. acento jarocho: Vera Cruz accent. 88. batientes: shutters. 89. No más...calor: It only makes it hotter.

cerrar los batientes cada vez que venía una tormenta. Tan bonito que hubiera sido dejarla pasar con las ventanas muy abiertas.

Encendi un cigarillo: —Sí, se levantan olores muy espesos. La tierra se desprende de sus perfumes de tabaco, de café, de pulpa...

—También las recámaras. —Doña Elena cerró los ojos.

—¿Cómo?

—Entonces no había closets. —Se pasó la mano por las ligeras arrugas cercanas a los ojos—. En cada cuarto había un ropero y las criadas tenían la costumbre de colocar hojas de laurel y orégano entre la ropa. Además, el sol nunca secaba bien algunos rincones. Olía a moho, ¿cómo le diré?, a musgo...[90]

—Sí, me imagino. Yo nunca he vivido en el trópico. ¿Lo echa usted de menos?

Y ahora se frontó las muñecas, una contra otra, y mostró las venas saltonas[91] de las manos: —A veces. Me cuesta trabajo acordarme. Figúrese, me casé de dieciocho años y ya me consideraban quedada.[92]

—¿Y todo esto se lo recordó esa extraña luz que ha permanecido en el fondo de la barranca?

La mujer se levantó. —Sí. Son los spots[93] que José mandó poner la semana pasada. Se ven bonitos, ¿no es cierto?

—Creo que Elena se ha dormido.

Le hice cosquillas en la nariz y Elena despertó y regresamos en el MG a Coyoacán.

—Perdona esas latas de los domingos —dijo Elena cuando yo salía a la obra la mañana siguiente—. Qué remedio. Alguna liga[94] debía quedarnos con la familia y la vida burguesa, aunque sea por necesidad de contraste.

—¿Qué vas a hacer hoy? —le pregunté mientras enrollaba mis planos y tomaba mi portafolio.

Elena mordió un higo[95] y se cruzó de brazos y le sacó la lengua a un Cristo bizco[96] que encontramos una vez en Guanajuato. —Voy a pintar toda la mañana. Luego voy a comer con Alejandro para mostrarle mis últimas cosas. En su estudio. Sí, ya lo terminó. Aquí en el Olivar de los Padres. En la tarde iré a la clase de francés. Quizás me tome un café y

90. **Olía...musgo:** It smelled of mold, how shall I put it? of moss. 91. **saltonas:** prominent, protruding. 92. **quedada:** an old maid. 93. **spots:** (*Anglicism*) spots. 94. **liga:** bond. 95. **higo:** fig. 96. **bizco:** cross-eyed.

luego te espero en el cine-club. Dan un western mitológico: *High Noon*.
Mañana quedé en verme con esos chicos negros. Son de los Black
Muslims y estoy temblando por saber qué piensan en realidad. ¿Te das
cuenta que sólo sabemos de eso por los periódicos? ¿Tú has hablado
alguna vez con un negro norteamericano, nibelungo? Mañana en la
tarde no te atrevas a molestarme. Me voy a encerrar a leerme Nerval de
cabo a rabo.[97] Ni crea Juan que vuelve a apantallarme[98] con el soleil
noir de la mélancolie[99] y llamándose a sí mismo el viudo y el descon-
solado. Ya lo caché y le voy a dar un baño[100] mañana en la noche. Sí, va
a "tirar"[101] una fiesta de disfraces. Tenemos que ir vestidos de murales
mexicanos.[102] Más vale asimilar eso de una vez. Cómprame unos
alcatraces, Víctor nibelunguito, y si quieres vístete del cruel conquistador
Alvarado que marcaba con hierros candentes[103] a las indias antes de
poseerlas —Oh Sade, where is thy whip? Ah, y el miércoles toca Miles
Davis en Bellas Artes. Es un poco passé[104] pero de todos modos me
alborota el hormonamen.[105] Compra boletos. Chao, amor.

Me besó la nuca y no pude abrazarla por los rollos de proyectos[106]
que traía entre manos, pero arranqué en el auto con el aroma del higo
en el cuello y la imagen de Elena con mi camisa puesta, desabotonada y
amarrada a la altura del ombligo y sus estrechos pantalones de torero[107]
y los pies descalzos, disponiéndose a... ¿iba a leer un poema o a pintar
un cuadro? Pensé que pronto tendríamos que salir juntos de viaje. Eso
nos acercaba más que nada. Llegué al periférico.[108] No sé por qué, en
vez de cruzar el puente de Altavista hacia el Desierto de los Leones,
entré al anillo[109] y aceleré. Sí, a veces lo hago. Quiero estar solo y correr
y reírme cuando alguien me la refresca. Y, quizás, guardar durante
media hora la imagen de Elena al despedirme, su naturalidad, su piel
dorada, sus ojos verdes, sus infinitos proyectos, y pensar que soy muy
feliz a su lado, que nadie puede ser más feliz al lado de una mujer tan
vivaz, tan moderna, que... que me... que me complementa tanto.

---

97. de...rabo: from cover to cover. **98. apantallarme:** overwhelm me. **99. soleil...
mélancolie:** a verse from the French Romantic poet, Gérard de Nerval (1808–55).
100. lo caché...baño: (*slang*) I got his number and I'm going to give it to him.
101. "tirar": in the North American sense, throw. **102. vestidos...mexicanos:**
dressed like historical characters in the Mexican murals. **103. hierros candentes:**
red-hot irons. **104. passé:** (*French*) old hat. **105. me alborota el hormonamen:** he
stirs up my hormones. **106. rollos de proyectos:** rolls of blueprints. **107. pantalones de torero:** toreador pants. **108. periférico:** highway circling the city.
109. anillo: traffic circle.

Paso al lado de una fundidora de vidrio,[110] de una iglesia barroca, de una montaña rusa,[111] de un bosque de ahuehuetes.[112] ¿Dónde he escuchado esa palabrita? Complementar. Giro alrededor de la fuente de Petróleos[113] y subo por el Paseo de la Reforma. Todos los automóviles descienden al centro de la ciudad, que reverbera al fondo detrás de un velo impalpable y sofocante. Yo asciendo a las Lomas de Chapultepec, donde a estas horas sólo quedan los criados y las señoras, donde los maridos se han ido al trabajo y los niños a la escuela y seguramente mi otra Elena, mi complemento, debe esperar en su cama tibia con los ojos negros y ojerosos muy azorados[114] y la carne blanca y madura y honda y perfumada como la ropa en los bargueños[115] tropicales.

110. fundidora de vidrio: glassworks. 111. montaña rusa: roller coaster. 112. ahuehuetes: ahuehuete trees. 113. fuente de Petróleos: fountain that commemorates the nationalization of oil. 114. azorados: confused. 115. bargueños: wardrobes.

CUESTIONARIO

1. ¿Quiénes son Elena y Víctor?

2. ¿Quién habla en el primer párrafo del cuento?

3. ¿De qué se queja la madre de Elena, y por qué está contenta de que Elena se ha casado con Víctor?

4. ¿Qué tiene que ver la película *Jules et Jim* con el tema del cuento?

5. ¿Qué piensa Víctor de las ideas de Elena? ¿Piensa que ella tendrá razón?

6. Elena le cuenta a Víctor el itinerario de su día: Describa lo que ha hecho Elena ese día.

7. ¿De quién es la película *El ángel exterminador*? ¿Qué tiene que ver esa película con el ambiente de este cuento?

8. ¿Cómo es la conversación en casa de los padres de Elena?

9. ¿Cómo se manifiesta la coquetería de la madre de Elena?

10. ¿Qué papel cree usted que juega Alejandro en la vida de Elena?

11. ¿Quién es la otra Elena?

12. ¿Por qué hay tantas palabras de origen inglés y tantas referencias a la cultura *pop* en este cuento?

GABRIEL GARCÍA MÁRQUEZ

COLOMBIA, 1928

The extraordinary success of *Cien años de soledad* (1967), has erased from the public's memory Gabriel García Márquez's slow and painful ascent to fame. It took him the best part of twenty years to emerge from the obscurity of a talented, regional writer to the limelight of an international reputation that he shares in Spanish only with Jorge Luis Borges.* (Some readers would even prefer him to the master, for being more "humane.") Born in the small Colombian town he would later metamorphose into the mythical Macondo, García Márquez was abandoned as an infant by his parents and left to be brought up by his grandparents, two of the most brilliant storytellers produced by the oral culture of Latin America. From those oral sources he gathered all the material he would later develop in his best works. The craft of fiction he learned while working as a journalist in Bogotá, Caracas, and Paris, and as a scriptwriter in Mexico City, where he met and worked with Carlos Fuentes.* Ernest Hemingway and William Faulkner, Miguel Angel Asturias* and Alejo Carpentier, and, later, Jorge Luis Borges* were his acknowledged masters. But he also read Virginia Woolf's *Orlando* (1928) (in Borges' translation, of course), Daniel Defoe's *Journal of the Plague Year* (1722), and François Rabelais' comic masterpiece *Gargantua* (1534).

In inventing Macondo, García Márquez first followed the realistic path. He painstakingly reconstructed a semifeudal, corrupt society in which violence was rampant and originated with the authorities. Tyrannical generals, corrupt functionaries, and greedy landowners kept the common people in bondage, raping and murdering them. Not even religion was spared. A grim, angry picture emerges from his first novels (*La hojarasca*, 1955; *El coronel no tiene quien le escriba*, 1961; *La mala hora*, 1962) and his first collection of short stories, *Los funerales de la Mamá Grande* (1962). "Un día de estos," one story in that collection, is concentrated on a very small anecdote: the mayor, who is actually the owner of a town, visits a dentist, a revolutionary, to have a tooth extracted. Out of pity, the dentist performs the operation but in the most painful manner. A confrontation, almost classical in outline, between evil and good is thus presented. The narrative is spare, the dialogue almost laconic, the intensity of the prose is reminiscent of the best Hemingway stories.

García Márquez returned to the same subject in one chapter of *Cien años de soledad*, but he expanded the story to accommodate the larger perspective of a novelist. In a sense, the expansion is representative of a complete change of nature in García Márquez's narrative. Already in the tale that gives its title to the 1962 volume of short stories, the Colombian narrator had discovered that realism was too tight a form for his literary designs. He then began to experiment with time and space and created a story in which supernatural or magical events coexist with everyday events. The formula was developed and enlarged in *Cien años de soledad*, and also in his next two books, the collection *La increíble y triste historia de la cándida Eréndira y de su abuela desalmada* (1972) and *El otoño del patriarca* (1975). From then on, everyday events and magic coexisted in García Márquez's fiction as they had coexisted in his grandparents' tales and before in the Latin American imagination since Columbus first set foot in the New World and believed he had reached the Earthly Paradise. Columbus was wrong, of course, but out of his mistake American fiction was born.

UN DÍA DE ESTOS

El lunes amaneció tibio y sin lluvia. Don Aurelio Escovar, dentista sin título y buen madrugador,[1] abrió su gabinete a las seis. Sacó de la vidriera[2] una dentadura postiza[3] montada aún en el molde de yeso y puso sobre la mesa un puñado[4] de instrumentos que ordenó de mayor a menor,[5] como en una exposición. Llevaba una camisa a rayas, sin cuello, cerrada arriba con un botón dorado, y los pantalones sostenidos con cargadores elásticos.[6] Era rígido, enjuto,[7] con una mirada que raras veces correspondía a la situación, como la mirada de los sordos.

Cuando tuvo las cosas dispuestas sobre la mesa rodó la fresa hacia el sillón de resortes[8] y se sentó a pulir la dentadura postiza. Parecía no pensar en lo que hacía, pero trabajaba con obstinación, pedaleando en la fresa[9] incluso cuando no se servía de ella.

Después de las ocho hizo una pausa para mirar el cielo por la ventana y vio dos gallinazos[10] pensativos que se secaban al sol en el cabellete[11] de la casa vecina. Siguió trabajando con la idea de que antes del almuerzo volvería a llover. La voz destemplada[12] de su hijo de once años lo sacó de su abstracción.

—Papá.

—Qué.

—Dice el alcalde que si le sacas una muela.

—Díle que no estoy aquí.

Estaba puliendo un diente de oro. Lo retiró a la distancia del brazo y lo examinó con los ojos a medio cerrar.[13] En la salita de espera[14] volvió a gritar su hijo.

—Dice que sí estás porque te está oyendo.

El dentista siguió examinando el diente. Sólo cuando lo puso en la mesa con los trabajos terminados, dijo:

—Mejor.

---

1. **madrugador:** early riser. 2. **vidriera:** glass cabinet. 3. **dentadura postiza:** false teeth. 4. **puñado:** fistful. 5. **de mayor a menor:** from large to small. 6. **cargadores elásticos:** suspenders. 7. **enjuto:** skinny, hollow-cheeked. 8. **rodó ...resortes:** he rolled the drill toward the dentist chair. 9. **pedaleando...fresa:** pumping the drill with a foot pedal. 10. **gallinazos:** buzzards. 11. **caballete:** ridgepole. 12. **voz destemplada:** uneven, cracking voice. 13. **ojos...cerrar:** eyes half-closed. 14. **salita de espera:** waiting room.

GABRIEL GARCÍA MÁRQUEZ

Volvió a operar la fresa. De una cajita de cartón donde guardaba las cosas por hacer, sacó un puente de varias piezas y empezó a pulir el oro.

—Papá.

—Qué.

Aún no había cambiado de expresión.

—Dice que si no le sacas la muela te pega un tiro.

Sin apresurarse,[15] con un movimiento extremadamente tranquilo, dejó de pedalear en la fresa, la retiró del sillón y abrió por completo la gaveta[16] inferior de la mesa. Allí estaba el revólver.

—Bueno —dijo—. Díle que venga a pegármelo.[17]

Hizo girar el sillón hasta quedar de frente a la puerta, la mano apoyada en el borde de la gaveta. El alcalde apareció en el umbral.[18] Se había afeitado la mejilla izquierda, pero en la otra, hinchada y dolorida, tenía una barba de cinco días. El dentista vio en sus ojos marchitos[19] muchas noches de desesperación. Cerró la gaveta con la punta de los dedos y dijo suavemente:

—Siéntese.

—Buenos días —dijo el alcalde.

—Buenos —dijo el dentista.

Mientras hervían los instrumentos, el alcalde apoyó el cráneo en el cabezal[20] de la silla y se sintió mejor. Respiraba un olor glacial. Era un gabinete pobre: una vieja silla de madera, la fresa de pedal, y una vidriera con pomos de loza.[21] Frente a la silla, una ventana con un cancel de tela[22] hasta la altura de un hombre. Cuando sintió que el dentista se acercaba, el alcalde afirmó los talones y abrió la boca.

Don Aurelio Escovar le movió la cara hacia la luz. Después de observar la muela dañada, ajustó la mandíbula con una cautelosa presión de los dedos.

—Tiene que ser sin anestesia —dijo.

—¿Por qué?

—Porque tiene un absceso.

El alcalde lo miró en los ojos.

—Está bien —dijo, y trató de sonreír. El dentista no le correspondió. Llevó a la mesa de trabajo la cacerola con los instrumentos hervidos y los sacó del agua con unas pinzas frías, todavía sin apresurarse. Después

15. apresurarse: hurry. 16. gaveta: drawer. 17. pegármelo: shoot me. 18. umbral: threshold. 19. marchitos: *. 20. cabezal: headrest. 21. pomos de loza: porcelain bottles. 22. cancel de tela: cloth curtain.

rodó la escupidera[23] con la punta del zapato y fue a lavarse las manos en el aguamanil.[24] Hizo todo sin mirar al alcalde. Pero el alcalde no lo perdió de vista.

Era una cordal[25] inferior. El dentista abrió las piernas y apretó la muela con el gatillo[26] caliente. El alcalde se aferró a las barras de la silla,[27] descargó toda su fuerza en los pies y sintió un vacío helado en los riñones, pero no soltó un suspiro. El dentista sólo movió la muñeca. Sin rencor, más bien con una amarga ternura, dijo:

—Aquí nos paga veinte muertos, teniente.

El alcalde sintió un crujido[28] de huesos en la mandíbula y sus ojos se llenaron de lágrimas. Pero no suspiró hasta que no sintió salir la muela. Entonces la vio a través de las lágrimas. Le pareció tan extraña a[29] su dolor, que no pudo entender la tortura de sus cinco noches anteriores. Inclinado sobre la escupidera, sudoroso, jadeante,[30] se desabotonó la guerrera[31] y buscó a tientas[32] el pañuelo en el bolsillo del pantalón. El dentista le dio un trapo limpio.

—Séquese las lágrimas —dijo.

El alcalde lo hizo. Estaba temblando. Mientras el dentista se lavaba las manos, vio el cielorraso desfondado[33] y una telaraña polvorienta[34] con huevos de araña e insectos muertos. El dentista regresó secándose las manos. "Acuéstese —dijo— y haga buches de agua de sal."[35] El alcalde se puso de pie, se despidió con un displicente[36] saludo militar, y se dirigió a la puerta estirando las piernas, sin abotonarse la guerrera.

—Me pasa la cuenta —dijo.

—¿A usted o al municipio??

El alcalde no lo miró. Cerró la puerta, y dijo, a través de la red metálica.[37]

—Es la misma vaina.[38]

---

23. escupidera: spittoon.   **24. aguamanil:** wash basin.   **25. cordal:** wisdom tooth. **26. gatillo:** forceps.   **27. se aferró...silla:** he seized the arms of the chair. **28. crujido:** crunch.   **29. extraña a:** foreign to.   **30. jadeante:** panting.   **31. guerrera:** *.   **32. a tientas:** *.   **33. cielorraso desfondado:** crumbling ceiling.   **34. telaraña polvorienta:** dusty cobweb.   **35. haga...sal:** gargle with salt water. **36. displicente:** casual.   **37. red metálica:** screen.   **38. vaina:** (*Caribbean*) thing.

CUESTIONARIO

1. Describa al dentista Don Aurelio, tanto su aspecto físico como su carácter.

2. ¿Qué mensaje le comunica su hijo?

3. ¿Cómo reacciona Don Aurelio?

4. ¿Por qué reacciona así?

5. ¿Qué tipo de gobernante es el alcalde? ¿Al llamarlo "teniente", el dentista nos da una clave importante?

6. ¿Cuál es la venganza del dentista? Describa los gestos y el sufrimiento del alcalde en el sillón del dentista.

7. ¿Qué quiere decir el alcalde cuando contesta "Es la misma vaina"?

8. ¿Cómo traduciría usted el título "Un día de estos"? ¿Por qué se llama así el cuento?

9. ¿Conoce usted una novela de García Márquez en que hay un episodio parecido a éste?

10. ¿Es común en las obras de García Márquez la repetición de temas, personajes, episodios?

GUILLERMO CABRERA INFANTE

CUBA, 1929

The fame of Guillermo Cabrera Infante as one of the most comical Latin American writers today (he belongs to the tradition of Cervantes and Laurence Sterne, Mark Twain and Lewis Carroll) has helped to obscure the fact that he is also one of the most melancholic writers in the Spanish language. What may seem a paradox is not so unusual in literary life. Born and educated in Cuba, Cabrera Infante's family fought for a truly independent nation long before the present socialist regime was even dreamed of by Fidel Castro. The triumph of the revolution in 1958 helped Cabrera Infante to reach, before he was thirty, one of the most important cultural positions in Havana: director of the weekly literary supplement, *Lunes de Revolución,* and of its cultural television programs. But Cabrera Infante's disagreement with the hardliners of the Communist party soon forced him off the paper and out of Cuba, to Brussels as cultural attaché. It was the first stage in his gradual disengagement with the Castro regime. Since 1965 he has lived and worked in London.

The publication of his masterpiece, *Tres tristes tigres* (1967), placed Cabrera Infante among the few truly creative Latin American novelists today. The book, a dazzling collage of narrative fragments unified by the theme of night life in Havana and by the ever-present humor of the writing, was followed by a second long fragmented narrative, *Vista del amanecer en el trópico* (1974), which in some ways complemented *Tres tristes tigres* with historical vignettes about the fratricidal wars that have taken place on Cuban soil since the arrival of the Spaniards in 1492.

Before he became established as a novelist, Cabrera Infante had published a collection of short stories, *Así en la paz como en la guerra* (1962), which followed the style of Ernest Hemingway's concise narrative but firmly placed the characters in a Cuban setting. "Abril es el mes más cruel," owes its title to a verse from a poem by T. S. Eliot. It presents a couple in a time of crisis: the wife has had a delicate operation and is convalescing. The story begins from the husband's point of view; but the perspective shifts, for reasons that the story makes obvious, and the narration follows the wife to the end. The tense situation is deflated by Cabrera Infante's neutral style, which is not only very cool but also elliptic. Only by following the text very carefully, will the reader discover the horror of the situation. Two stories are told at the same time. One is banal and inexplicable; the other, shocking and (when the reader puts all the pieces together) tragic.

ABRIL ES EL MES MÁS CRUEL

No supo si lo despertó la claridad que entraba por la ventana o el calor, o ambas cosas. O todavía el ruido que hacía ella en la cocina preparando el desayuno. La oyó freír huevos primero y luego le llegó el olor de la manteca[1] hirviente. Se estiró en la cama y sintió la tibieza de las sábanas escurrirse[2] bajo su cuerpo y un amable dolor[3] le corrió de la espalda a la nuca. En ese momento ella entró en el cuarto y le chocó verla con el delantal por encima de los shorts.[4] La lámpara que estaba en la mesita de noche ya no estaba allí y puso los platos y las tazas en ella. Entonces advirtió que estaba despierto.

—¿Qué dice el dormilón?[5] —preguntó ella, bromeando.

En un bostezo él dijo: Buenos días.

—¿Cómo te sientes?

Iba a decir muy bien, luego pensó que no era exactamente muy bien y reconsideró y dijo:

—Admirablemente.

No mentía. Nunca se había sentido mejor. Pero se dio cuenta que las palabras siempre traicionan.

—¡Vaya! —dijo ella.

Desayunaron. Cuando ella terminó de fregar la loza,[6] vino al cuarto y le propuso que se fueran a bañar.

—Hace un día precioso —dijo.

—Lo he visto por la ventana —dijo él.

—¿Visto?

—Bueno, sentido. Oído.

Se levantó y se lavó y se puso su trusa.[7] Encima se echó la bata de felpa[8] y salieron para la playa.

—Espera —dijo él a medio camino—. Me olvidé de la llave.

Ella sacó del bolsillo la llave y se mostró. Él sonrió.

—¿Nunca se te olvida nada?

—Sí —dijo ella y lo besó en la boca—. Hoy se me había olvidado besarte. Es decir, despierto.

1. **manteca:** lard. 2. **escurrirse:** slide, glide. 3. **amable dolor:** pleasant ache. 4. **shorts:** (*Anglicism*) shorts. An example of the influence of the North American language in Cuba. 5. **dormilón:** sleepyhead. 6. **fregar la loza:** washing the dishes. 7. **trusa:** bathing trunks. 8. **bata de felpa:** plush bathrobe.

Sintió el aire del mar en las piernas y en la cara y aspiró hondo.

—Esto es vida —dijo.

Ella se había quitado las sandalias y enterraba los dedos en la arena al caminar. Lo miró y sonrió.

—¿Tú crees? —dijo.

—¿Tú no crees? —preguntó él a su vez.

—Oh, sí. Sin duda. Nunca me he sentido mejor.

—Ni yo. Nunca en la vida —dijo él.

Se bañaron. Ella nadaba muy bien, con unas brazadas[9] largas, de profesional. Al rato él regresó a la playa y se tumbó en la arena. Sintió que el sol secaba el agua y los cristales de sal se clavaban en sus poros y pudo precisar dónde se estaba quemando más, dónde se formaría una ampolla.[10] Le gustaba quemarse al sol. Estarse quieto, pegar la cara a la arena y sentir el aire que formaba y destruía las nimias[11] dunas y le metía los finos granitos en la nariz, en los ojos, en la boca, en los oídos. Parecía un remoto desierto, inmenso y misterioso y hostil. Dormitó.

Cuando despertó, ella se peinaba a su lado.

—¿Volvemos? —preguntó.

—Cuando quieras.

Ella preparó el almuerzo y comieron sin hablar. Se había quemado, leve, en un brazo y él caminó hacia la botica[12] que estaba a tres cuadras y trajo picrato.[13] Ahora estaban en el portal y hasta ellos llegó el fresco y a veces rudo aire del mar que se levanta por la tarde en abril.

La miró. Vio sus tobillos delicados y bien dibujados, sus rodillas tersas[14] y sus muslos torneados[15] sin violencia. Estaba tirada en la silla de extensión,[16] relajada, y en sus labios, gruesos, había una tentativa de sonrisa.

—¿Cómo te sientes? —le preguntó.

Ella abrió sus ojos y los entrecerró[17] ante la claridad. Sus pestañas eran largas y curvas.

—Muy bien. ¿Y tú?

—Muy bien también. Pero, dime... ¿ya se ha ido todo?[18]

—Sí —dijo ella.

—Y... ¿no hay molestia?

—En absoluto. Te juro que nunca me he sentido mejor.

9. **brazadas:** swimming strokes. 10. **ampolla:** blister. 11. **nimias:** small. 12. **botica:** drugstore. 13. **picrato:** picrate, sunburn medication. 14. **tersas:** smooth. 15. **torneadas:** rounded. 16. **la silla de extensión:** beach chair. 17. **entrecerró:** half-closed. 18. ¿ **ya...todo** ?: are you all better?

—Me alegro.

—¿Por qué?

—Porque me fastidiaría sentirme tan bien y que tú no te sintieras bien.

—Pero sí me siento bien.

—Me alegro.

—De veras. Créeme, por favor.

—Te creo.

Se quedaron en silencio y luego ella habló:

—¿Damos un paseo por el acantilado?[19]

—¿Quieres?

—Cómo no. ¿Cuándo?

—Cuando tú digas.

—No, di tú.

—Bueno, dentro de una hora.

En una hora habían llegado a los farallones[20] y ella le preguntó, mirando a la playa, hacia el dibujo de espuma de las olas, hasta las cabañas:

—¿Qué altura crees tú que habrá de aquí a abajo?

—Unos cincuenta metros. Tal vez setenta y cinco.

—¿Cien no?

—No creo.

Ella se sentó en una roca, de perfil al mar, con sus piernas recortadas[21] contra el azul del mar y del cielo.

—¿Ya tú me retrataste[22] así? —preguntó ella.

—Sí.

—Prométeme que no retratarás a otra mujer aquí así.

Él se molestó.

—¡Las cosas que se te ocurren! Estamos en luna de miel, ¿no? Cómo voy a pensar yo en otra mujer ahora.

—No digo ahora. Más tarde. Cuando te hayas cansado de mí, cuando nos hayamos divorciado.

Él la levantó y la besó en los labios, con fuerza.

—Eres boba.

Ella se abrazó a su pecho.

—¿No nos divorciaremos nunca?

—Nunca.

---

19. acantilado: path over cliffs. **20. farallones:** cliffs. **21. recortadas:** outlined. **22. me retrataste:** took a picture of me.

—¿Me querrás siempre?

—Siempre.

Se besaron. Casi en seguida oyeron que alguien llamaba.

—Es a ti.

—No sé quién pueda ser.

Vieron venir a un viejo por detrás de las cañas del espartillo.[23]

—Ah. Es el encargado.[24]

Los saludó.

—¿Ustedes se van mañana?

—Sí, por la mañana temprano.

—Bueno, entonses[25] quiero que me liquide[26] ahora. ¿Puede ser?

Él la miró a ella.

—Ve tú con él. Yo quiero quedarme aquí otro rato más.

—¿Por qué no vienes tú también?

—No —dijo ella—. Quiero ver la puesta de sol.

—No quiero interumpir. Pero es que quiero ver si voy a casa de mi hija a ver el programa de boseo[27] en la televisión. Usté sabe, ella vive en la carretera.

—Ve con él —dijo ella.

—Está bien —dijo él y echó a andar detrás del viejo.

—¿Tú sabes dónde está el dinero?

—Sí —respondió él, volviéndose.

—Ven a buscarme luego, ¿quieres?

—Está bien. Pero en cuanto oscurezca bajamos. Recuerda.

—Está bien —dijo—. Dame un beso antes de irte.

Lo hizo. Ella lo besó fuerte, con dolor.

Él la sintió tensa, afilada por dentro.[28] Antes de perderse tras la marea de espartillo[29] la saludó con la mano. En el aire le llegó su voz que decía te quiero. ¿O tal vez preguntaba me quieres?

Estuvo mirando al sol cómo bajaba. Era un círculo lleno de fuego al que el horizonte convertía en tres cuartos de círculo, en medio círculo, en nada, aunque quedara un borboteo[30] rojo por donde desapareció. Luego el cielo se fue haciendo violeta, morado y el negro de la noche comenzó a borrar los restos del crepúsculo.

---

23. cañas de espartillo: stalks of esparto grass. **24. encargado:** agent. **25. entonses:** *entonces;* the author often phonetically transcribes spoken Cuban. **26. me liquide:** pay me, settle your account. **27. boseo:** *boxeo;* again, the pronunciation is transcribed here. **28. afilada por dentro:** edgy inside. **29. la marea de espartillo:** the waving esparto grass. **30. borboteo:** gush.

—¿Habrá luna esta noche? —se preguntó en alta voz ella.

Miró abajo y vio un hoyo negro y luego más abajo la costra[31] de la espuma blanca, visible todavía. Se movió en su asiento y dejó los pies hacia afuera, colgando en el vacío. Luego afincó las manos en la roca[32] y suspendió el cuerpo, y sin el menor ruido se dejó caer al pozo negro y profundo que era la playa exactamente ochenta y dos metros más abajo.

31. costra: scab; used *metaphorically* here. **32. afincó...rocas:** she held onto the rocks.

CUESTIONARIO

1. ¿Qué es lo que despierta al protagonista por la mañana? Describa las cosas que ve y que oye.

2. ¿Qué clase de día es? ¿A dónde van el protagonista y su mujer para recrearse?

3. ¿Por qué cree usted que los dos se preguntan "¿Cómo te sientes?" ¿Qué hay detrás de esa pregunta?

4. ¿Por dónde dan un paseo? Cuando están allí, la mujer le hace preguntas insinuantes a su marido, por ejemplo, "Qué altura crees tú que habrá de aquí a abajo?" "Ya tú me retrataste así?" ¿Qué hay detrás de esas preguntas?

5. ¿Quién viene a interrumpirles? ¿Qué quiere esa persona?

6. ¿Qué razón da la señora a su marido para no acompañarlo?

7. ¿Qué hace ella cuando queda sola? Describa sus reflexiones y acciones.

DOS

VUELO HACIA LA FANTASÍA

REALISM WAS so dominant in Hispanic fiction during the late nineteenth and early twentieth centuries that it was difficult for both critics and readers to keep in mind that realism was only a European literary movement of the nineteenth century. Readers tended to identify it with a "true" presentation of reality. In spite of its shortcomings—its undue emphasis on a minute and banal description of everyday events, its mechanical psychology, its positivistic philosophy, its abstract ideology—realism continued to dominate the Hispanic literary scene well into the 1930s and 1940s. The so-called masterpieces of realism seemed to be perfect examples of that dated school.

Hispanic readers and critics also forgot that before the nineteenth century, literature had always been "fictional"; that is, it had proudly assumed that nobody in his or her right mind would demand that the facts in a novel or poem had to be "true." Shakespeare knew that Joan of Arc had been burned at the stake by the English, but it suited him to have her alive and degrading herself in one of his "historical" plays. Goethe knew that his Mephistopheles was only a symbol of evil. Before the nineteenth century, literature meant, of course, fiction.

It was one of the greatest tasks of the best Hispanic writers of this century to restore fiction to its rightful place. Miguel de Unamuno★ was probably the first to call a tale a tale. He wrote about metaphysical anguish and the need to be reborn, after death, with one's own flesh and bones intact; he wrote about the rebellion of fictional characters against their author; he wrote about God and paradise and hell. After Unamuno, and in a nonreligious, more ironic vein, Jorge Luis Borges★ expanded the limits of fantastic fiction and introduced into the corpus of Hispanic literature vast imaginary encyclopedias and labyrinths made of books, of sand, of fire.

The publication of Borges' *El jardín de senderos que se bifurcan* (1941, later included in *Ficciones*, 1944), marks exactly the moment at which realism in Hispanic literature was finally discarded. After him, or at the same time as him, the Argentines Adolfo Bioy Casares★ and Julio Cortázar★ explored other dimensions of reality. Borges' influence would reach even the Mexican Carlos Fuentes,★ the Colombian Gabriel García Márquez,★ and the Cuban Guillermo Cabrera Infante.★ He was the liberator of Spanish American writing. In Spain, after Unamuno, poets and prose writers explored the invisible but true dimensions of reality. The most daring of all the Hispanic explorers, to this day untiring in his questioning, is of course Luis Buñuel,★ whose films have altered the perception of reality of movie buffs on several continents.

MIGUEL DE UNAMUNO

SPAIN, 1864–1936

By the scope of his production and the intensity of his writing, Miguel de Unamuno towered over other Hispanic writers of the first third of the twentieth century. His metaphysical essays (*Del sentimiento trágico de la vida en los hombres y en los pueblos*, 1913) introduced the thinking of the Danish philosopher Sören Kierkegaard (1813–55) and later existentialists into Hispanic letters and shook the complacency of at least two generations of Spaniards. His collection of religious, anguished poems (*El Cristo de Velázquez*, 1920) dramatically renewed a dying tradition. No less influential were his novels and short stories (*Niebla*, 1914; *Abel Sánchez*, 1917; *La tía Tula*, 1921); his literary studies were unconventional, and he dared to rewrite some famous Spanish texts (*Vida de Don Quijote y Sancho*, 1905). He was, in everything he did, paradoxical, quarrelsome, and unique.

Born in northern Spain, Unamuno had the Basques' stubbornness in remaining faithful to the native dialect and handled Spanish with the defiant mistrust of a foreigner. His poems sounded a bit too harsh; his syntax shook the reader's complacency. But his intelligence was overwhelming. In a country that then favored above all "beautiful" writing, Unamuno was not shy about being intelligent. The problems engendered by Spain's belated entry into the modern age, and the shame of defeat in the Spanish American War of 1898 were for him not an occasion for blind sentiments of patriotism but for a merciless analysis of Spain's shortcomings. He believed in God (a very belligerent and rebellious faith) and wanted Spain to rediscover Him. But his faith was as ambiguous as that of a character in a Dostoevsky novel. And he expressed his faith in God with the apocalyptic accents the German philosopher Friedrich Nietzsche (1844–1900) had used to proclaim God's death. Unamuno was really like a biblical prophet, and for the best part of his life he thundered in the Spanish wilderness. In the marrow of his bones (as he would say) he was not totally convinced that God existed and that he, Unamuno, was going to be resurrected. Because he wanted so desperately to believe in God and in an afterlife, Unamuno wanted to be reborn with his own body intact. His whole work can be read as a cry to God to come and reassure him that He really exists.

What Unamuno could not accept was the tepid faith of the common people. Against them he wrote "Juan Manso," one of his most comic short stories. It is written in a very simple, colloquial style, which freely uses Spanish idioms and stock jokes. His presentation of life after death has nothing of the anguish of his metaphysical prose or poems, but the message is the same: religion cannot be passive; the afterlife has to be won. For a man born in the land of El Cid and Don Quixote, that seemed a fatality. But knowing that his contemporaries were closer to Juan Manso than to the two immortal Spanish heroes, Unamuno made it the goal of his life to shake their (and his) complacency. He died at the outbreak of the Spanish Civil War in Salamanca, at the beloved university where he had taught Greek since 1891. But he was spared the indignity of seeing his people reduced by Franco to the status of sheep; that is, of Juan Mansos.

JUAN MANSO[1]

CUENTO DE MUERTOS

Y va de cuento.[2]

Era Juan Manso en esta pícara[3] tierra un bendito de Dios,[4] una mosquita muerta[5] que en su vida rompió un plato.[6] De niño cuando jugaban al burro sus compañeros, de burro hacía él;[7] más tarde fué el confidente de los amoríos de sus camaradas, y cuando llegó a hombre hecho y derecho[8] le saludaban sus conocidos con un cariñoso: ¡Adiós, Juanito!

Su máxima[9] suprema fué siempre la del chino: no comprometerse y arrimarse al sol que más calienta.[10]

Aborrecía la política, odiaba los negocios, repugnaba todo lo que pudiera turbar la calma chicha[11] de su espíritu.

Vivía de unas rentillas,[12] consumiéndolas íntegras y conservando entero el capital.[13] Era bastante devoto, no llevaba la contraria[14] a nadie y como pensaba mal de todo el mundo, de todos hablaba bien.

Si le hablabas de política, decía:

—Yo no soy nada, ni fú ni fá, lo mismo me da Rey que Roque.[15] soy un pobre pecador que quiere vivir en paz con todo el mundo.

No le valió, sin embargo, su mansedumbre y al cabo se murió, que fué el único acto comprometedor que efectuó en su vida.

Un ángel armado de flamígero espadón[16] hacía el apartado[17] de las almas, fijándose en el señuelo con que las marcaban en un registro o aduana[18] por donde tenían que pasar al salir del mundo y donde, a modo de mesa electoral, ángeles y demonios, en amor y compaña,[19] escudriñaban los papeles por si no venían en regla.[20]

1. **Manso:** tame. 2. **va de cuento:** *equivalent to* once upon a time. 3. **pícara:** sinful. 4. **un bendito de Dios:** an innocent. 5. **mosquita muerta:** one who feigns meekness. 6. **que...plato:** who never in his whole life did anything wrong. 7. **jugaban...él:** they played donkey, and he was the donkey. 8. **hecho y derecho:** grown-up man. 9. **máxima:** maxim, motto. 10. **arrimarse...calienta:** play it safe. 11. **calma chicha:** stillness. 12. **rentillas:** small income from investment in real estate. 13. **consumiéndolas...capital:** spending the income but not the investment. 14. **no ...contraria:** did not antagonize. 15. **ni fú...Roque:** neither fish nor fowl; that is, neither this nor that. 16. **flamígero espadón:** flaming sword. 17. **apartado:** division, sorting out. 18. **señuelo...aduana:** the signal with which they were marked down in a record or customs book. 19. **en amor y compaña:** on good terms. 20. **escudriñaban...regla:** scrutinized the papers to make sure they were in order.

La entrada al registro[21] parecía taquilla de expendeduría[22] en día de corrida mayor.[23] Era tal el remolino de gente, tantos los empellones,[24] tanta la prisa que tenían todos por conocer su destino eterno y tal el barullo[25] que imprecaciones, ruegos, denuestos[26] y disculpas en las mil y una lenguas, dialectos y jergas del mundo armaban, que Juan Manso se dijo:

—¿Quién me manda meterme en líos?[27] Aquí debe de haber hombres muy brutos.

Esto lo dijo para el cuello de su camisa, no fuera que se lo oyesen.

El caso es que el ángel del flamígero espadón maldito el caso que hizo de él,[28] y así pudo colocarse camino de la Gloria.

Iba solo y pian pianito.[29] De vez en vez pasaban alegres grupos, cantando letanías[30] y bailando a más y mejor algunos, cosa que le pareció poco decente en futuros bienaventurados.

Cuando llegó al alto se encontró con una larga cola de gente a lo largo de las tapias[31] del Paraíso, y unos cuantos ángeles que cual *guindillas* en la tierra velaban por el orden.[32]

Colócase Juan Manso a la cola de la cola. A poco llegó un humilde franciscano y tal maña se dió,[33] tan conmovedoras razones adujo sobre la prisa que le corría por entrar cuanto antes, que nuestro Juan Manso le cedió su puesto diciéndose:

—Bueno es hacerse amigos hasta en la Gloria eterna.

El que vino después, que ya no era franciscano, no quiso ser menos y sucedió lo mismo.

En resolución, no hubo alma piadosa que no birlara[34] el puesto a Juan Manso, la fama de cuya mansedumbre corrió por toda la cola y se trasmitió como tradición flotante sobre el continuo fluir de gente por ella. Y Juan Manso, esclavo de su buena fama.

Así pasaron siglos al parecer de Juan Manso, que no menos tiempo era preciso[35] para que el corderito empezara a perder la paciencia. Topó por fin cierto día con un santo y sabio obispo, que resultó ser tataranieto[36] de un hermano de Manso. Expuso éste sus quejas a su tatarasobrino y

---

21. registro: registration.   **22. taquilla de expendeduría:** ticket counter.   **23. corrida mayor:** important bullfight.   **24. empellones:** pushing.   **25. barullo:** noise. **26. denuestos:** insults.   **27. líos:** trouble.   **28. El caso...de él:** The fact is the angel with the damn flaming sword didn't pay much attention to him.   **29. pian pianito:** (*Italian*) quietly.   **30. letanías:** litanies, prayer songs.   **31. tapias:** walls.   **32. cual** *guindillas...orden:* like the cops on earth, kept the order.   **33. tal...dió:** he was so clever.   **34. que no birlara:** who didn't steal.   **35. que no...preciso:** no less than centuries were needed.   **36. tataranieto, tatarasobrino:** great-grandson, great-grandnephew.

el santo y sabio obispo le ofreció interceder por él junto al Eterno Padre, promesa en cuyo cambio cedió Juan su puesto al obispo santo y sabio.

Entró éste en la Gloria y, como era de rigor, fué derecho a ofrecer sus respetos al Padre Eterno. Cuando hubo rematado el discursillo,[37] que oyó el Omnipotente distraído, díjole éste:

—¿No traes postdata?[38]—mientras le sondeaba[39] el corazón con su mirada.

—¡Señor, permitidme que interceda por uno de tus siervos que allá, a la cola de la cola...

—Basta de retóricas —dijo el Señor con voz de trueno—. ¿Juan Manso?

—El mismo, Señor, Juan Manso, que...

—¡Bueno, bueno! Con su pan se lo coma,[40] y tú no vuelvas a meterte en camisa de once varas.[41]

Y volviéndose al ángel introductor de almas, añadía:

—¡Que pase otro!

Si hubiera algo capaz de turbar la alegría inseparable de un bien-aventurado, diríamos que se turbó la del santo y sabio obispo. Pero, por lo menos, movido de piedad, acercóse a las tapias de la Gloria, junto a las cuales se extendía la cola, trepó a aquéllas, y llamando a Juan Manso, le dijo:

—¡Tataratío, cómo lo siento! ¡Cómo lo siento, hijito mío! El Señor me ha dicho que te lo comas con tu pan y que no vuelva a meterme en camisa de once varas. Pero..., ¿sigues todavía en la cola de la cola? Ea, ¡hijito mío!, ármate de valor y no vuelvas a ceder tu puesto.

—¡A buena hora mangas verdes![42]—exclamó Juan Manso, derra-mando lagrimones[43] como garbanzos.[44]

Era tarde, porque pesaba sobre él la tradición fatal y ni le pedían ya el puesto, sino que se lo tomaban.

Con las orejas gachas[45] abandonó la cola y empezó a recorrer las soledades y baldíos de ultratumba,[46] hasta que topó con un camino donde iba mucha gente, cabizbajos[47] todos. Siguió sus pasos y se halló a las puertas del Purgatorio.

—Aquí será más fácil entrar —se dijo—, y una vez dentro y purifi-cado me expedirán directamente al cielo.

37. **rematado el discursillo:** the little speech concluded.   38. **postdata:** something to add.   39. **le sondeaba:** he looked deep into.   40. **con...coma:** a popular saying, meaning you make your bed and you sleep in it.   41. **camisa...varas:** a tight spot. 42. **A...verdes:** It's too late.   43. **lagrimones:** big tears.   44. **garbanzos:** chickpeas. 45. **gachas:** fallen.   46. **baldíos de ultratumba:** wastelands of the other world. 47. **cabizbajos:** heads down.

—¿Eh, amigo, adónde va?

Volvióse Juan Manso y hallóse cara a cara[48] con un ángel, cubierto con una gorrita de borla,[49] con una pluma de escribir en la oreja, y que le miraba por encima de unas gafas.[50] Después que le hubo examinado de alto abajo,[51] le hizo dar vuelta, frunció el entrecejo[52] y le dijo: —¡Hum, malorum causa![53] Eres gris hasta los tuétanos[54]... Temo meterte en nuestra lejía,[55] no sea que te derritas. Mejor harás en ir al Limbo.

—¡Al Limbo!

Por primera vez se indignó Juan Manso al oir esto, pues no hay varón tan paciente y sufrido que aguante el que un ángel le trate de tonto de capirote.[56]

Desesperado tomó camino del Infierno. No había en éste cola ni cosa que lo valga.[57] Era un ancho portalón[58] de donde salían bocanadas[59] de humo espeso y negro y un estrépito infernal. En la puerta un pobre diablo tocaba un organillo y se desgañitaba[60] gritando: —Pasen ustedes; señores, pasen... Aquí verán ustedes la comedia humana... Aquí entra el que quiere.

Juan Manso cerró los ojos.

—¡Eh, mocito, alto!—le gritó el pobre diablo.

—¿No dices que entra el que quiere?

—Sí, pero..., ya ves —dijo el pobre diablo poniéndose serio y acariciándose el rabo[61]—, aun nos queda una chispita[62] de conciencia..., y la verdad..., tú...

—¡Bueno! ¡Bueno! —dijo Juan Manso volviéndose porque no podia aguantar el humo.

Y oyó que el diablo decía para su capote:[63] —¡Pobrecillo!

—¡Pobrecillo! Hasta el diablo me compadece.

Desesperado, loco, empezó a recorrer, como tapón de corcho[64] en medio del Océano, los inmensos baldíos de ultratumba, cruzándose de cuando en cuando con el alma de Garibay.[65]

---

48. hallóse...cara: met face to face with. **49. gorrita de borla:** tasseled cap. **50. gafas:** eyeglasses. **51. de alto abajo:** up and down. **52. frunció el entrecejo:** he frowned. **53. malorum causa:** lost cause. **54. tuétanos:** marrow. **55. lejía:** lye. **56. tonto de capirote:** fool in a dunce cap; that is, big fool. **57. ni...valga:** nothing similar. **58. portalón:** big door. **59. bocanadas:** *. **60. se desgañitaba:** got hoarse. **61. rabo:** tail. **62. chispita:** a little spark. **63. para su capote:** to his button; that is, to himself. **64. tapón de corcho:** cork. **65. Garibay:** folkloric comic hero (could be considered equivalent to our Kilroy) who appears often in the works of Cervantes and Quevedo.

Un día que atraído por el apetitoso olorcillo que salía de la Gloria se acercó a las tapias de ésta a oler lo que guisaban[66] dentro, vió que el Señor, a eso de la caída de la tarde,[67] salía a tomar el fresco por los jardines del Paraíso. Le esperó junto a la tapia, y cuando vió su augusta cabeza, abrió los brazos en ademán suplicante, y con tono un tanto despechado[68] le dijo:

—¡Señor, Señor! ¿No prometiste a los mansos vuestro reino?

—Sí; pero a los que embisten, no a los embolados.[69]

Y le volvió la espalda.

Una antiquísima tradición cuenta que el Señor, compadecido de Juan Manso, le permitió volver a este pícaro mundo; que de nuevo en él, empezó a embestir a diestro y siniestro con toda la intención de un pobrecito infeliz; que muerto de segunda vez atropelló la famosa cola y se coló de rondón[70] en el Paraíso.

Y que en él no cesa de repetir:

—¡Milicia[71] es la vida del hombre sobre la tierra!

66. guisaban: they were cooking. **67. eso...tarde:** around dusk. **68. un tanto despechado:** a bit displeased. **69. los...embolados:** the aggressive ones, not the bootlickers; metaphor taken from bullfighting; that is *toros embolados* are bulls whose horns are covered with wooden balls so that they will be harmless. **70. se...rondón:** he gate-crashed. **71. milicia:** military service; Unamuno is quoting the Latin phrase *militia est vita hominis super terram* (man's life on earth is a battle), which compares the struggle for salvation to a military operation.

CUESTIONARIO

1. ¿Qué tipo de persona es Juan Manso? ¿Cuál es su filosofía de la vida?

2. ¿Cuál es el único acto comprometedor que efectuó Juan Manso en su vida?

3. ¿Cómo era la entrada al registro del mundo ultratumba?

4. ¿Qué le ocurrió a Juan Manso en la cola?

5. ¿Cuánto tiempo pasó Juan en la cola?

6. ¿Quién le ofreció interceder por él ante el Padre Eterno?

7. ¿Dejó el Señor entrar en la Gloria a Juan Manso?

8. ¿A dónde le mandó el ángel?

9. Después de indignarse, ¿a dónde se dirigió Juan Manso?

10. ¿Qué contestó el Señor a Juan Manso cuando éste le preguntó: "¿No prometiste a los mansos vuestro reino?" ¿Qué quiso decir el Señor con su respuesta?

11. ¿Cuál es el mensaje de Unamuno en este cuentito alegórico?

ANTONIO MACHADO

SPAIN, 1875–1939

Although Antonio Machado was born in the province of Andalucia, which would later produce Juan Ramón Jimenez* and Federico García Lorca,* he moved in his early thirties to Castile, in the center of Spain, and from then on devoted a great part of his poetry to sing about its fields, its people, its heroes (*Campos de Castilla*, 1912; *La tierra de Alvargonzález*, 1938; *Canciones del Alto Duero*, 1938). Like many of his contemporaries, Machado was caught in the middle of the fighting during the Civil War. He wrote poetry and essays to defend the cause of the Spanish Republic, and, sick and old, he took the road to exile, dying on the French side of the border when the war was over.

A shy, dishevelled man, Machado wrote a deceptively simple poetry whose equivalent can be found in English in some of William Wordsworth's poems. He concentrated his poetical interests on a few topics: the landscape, the Spanish character, love, and time. But those topics were worked by him again and again until out of the simplicity of his approach came unexpected revelations. The two sonnets reprinted here come from a book he wrote in the early decades of this century, *Nuevas canciones* (1924). In "El amor y la sierra," Machado tells a very simple anecdote (a man on horseback falls into a ravine) but fills it with erotic and metaphysical undertones. The abyss into which the rider falls is both real and symbolic of the abysses of love and mysticism. The harsh landscape is also very much a part of the man's tragic predicament. In this poem, nothing is purely external, and the poet magically blends the setting and the anecdote with the character's powerful passions. The pursuit of love or eternity leads him to the abyss. Even the horse takes on an allegorical meaning as the expression of humanity's wildest instincts or endless quest for transcendence.

The second sonnet seems even simpler. But it clearly reveals the influence of the thinking of the French philosopher Henri Bergson (1859–1941) and of the German existentialist Martin Heidegger (1889–1976), both of whom Machado read as a philosophy professor at Segovia, where he had taught since 1919. An evocation of the poet's father at home in Seville—Machado senior was a collector of folk songs—it is presented as simultaneously present and past: the time of the evocation or the poet's present, and the time of his father. But because the son's present is the father's future, the past the poet evokes is contaminated by its own future to the point of no longer being an innocent past. The poet's present somehow becomes another future by the same paradoxical operation.

The poetic form Machado selected for these two poems is the traditional sonnet, to which he adds little. It had been used by Spanish poets since its introduction into Spain from Italy during the Renaissance. The French symbolists and the Spanish American modernists gave it a new life. Machado took it as it was and only added the metaphysical dimensions. The scheme of rhymes in the first sonnet is *a b b a, c d c d, e f e, f e f*. The second repeats the pattern in the two quartets but with a slight variation in the tercets: *e f f, g f g*.

EL AMOR Y LA SIERRA

Cabalgaba por agria serranía,[1]
una tarde, entre roca cenicienta.
El plomizo balón[2] de la tormenta
de monte en monte rebotar[3] se oía.

Súbito,[4] al vivo resplandor del rayo,
se encabritó,[5] bajo de un alto pino,
al borde de una peña,[6] su caballo.
A dura rienda[7] le tornó al camino.

Y hubo visto la nube desgarrada,[8]
y, dentro, la afilada crestería[9]
de otra sierra más lueñe[10] y levantada,

—relámpago[11] de piedra parecía—.
¿Y vió el rostro de Dios? Vió el de su amada.
Gritó: ¡Morir en esta sierra fría!

ESTA LUZ DE SEVILLA

Esta luz de Sevilla... Es el palacio
donde nací, con su rumor de fuente.
Mi padre, en su despacho. —La alta frente,
la breve mosca,[12] y el bigote lacio[13]—.

Mi padre, aún joven. Lee, escribe, hojea[14]
sus libros y medita. Se levanta;
va hacia la puerta del jardín. Pasea.
A veces habla solo, a veces canta.

---

1. Cabalgaba...serranía: He was riding on a bitter mountain range. **2. plomizo balón:** (*metaphor*) leaden football; that is, the storm was dark, heavy, and rebounding like a leaden football. **3. rebotar:** rebounding. **4. Súbito:** *. **5. se encabritó:** rose up on its hind legs. **6. peña:** rock. **7. A dura rienda:** Pulling the reins in hard. **8. Y...desgarrada:** And he had seen the torn cloud; that is, the cloud that was bursting into rain. **9. afilada crestería:** sharp mountain ridge. **10. lueñe:** (*archaic*) distant. **11. relámpago:** lightning. **12. mosca:** tuft of hair under the lower lip, a common fashion (begun by Napoleon III) in the nineteenth century. **13. lacio:** straight. **14. hojea:** leafs through.

ANTONIO MACHADO

Sus grandes ojos de mirar inquieto
ahora vagar parecen, sin objeto
donde puedan posar,[15] en el vacío.

Ya escapan de su ayer a su mañana;
ya miran en el tiempo, ¡padre mío!,
piadosamente mi cabeza cana.[16]

15. **posar:** rest. 16. **cana:** gray-haired.

CUESTIONARIO

"EL AMOR Y LA SIERRA"

1. Describa el paisaje en este poema.

2. ¿Por qué se asustó el caballo?

3. ¿Qué visión tiene el jinete al final del soneto?

4. ¿Por qué grita?

5. Analice la forma del soneto.

"ESTA LUZ DE SEVILLA"

1. "Esta luz de Sevilla", ¿es una luz real o del pasado?

2. Describa al padre del poeta cuando era joven.

3. ¿Qué clase de hombre era?

4. ¿En qué estaba pensando el padre?

5. ¿Hay una verdadera diferencia entre el tiempo de la evocación y el tiempo del poeta?

VICENTE ALEIXANDRE

SPAIN, 1898

The award of the 1977 Nobel Prize for Literature to Vicente Aleixandre raised the question "Vicente WHO?" in all literary circles, including those of the Hispanic world. He is still an unknown quantity. Having led a very retired life because of a serious chronic illness, a shy celibate in a country that prizes *machismo* very highly, Aleixandre decided to remain in Spain after Franco's triumph. But he used his illness to keep away from any official activity, and through an extensive correspondence with many poets in the Hispanic world, kept open the lines of communication with literary life. He was a sort of internal exile but without the energy of a Pasternak. He never wrote against Franco's regime, but everybody knew he did not support it. His reticence, his aloofness, his good habits of letter writing, have finally paid off handsomely.

In the heyday of Spanish poetry (between the end of the nineteenth century and 1936), Aleixandre would have been placed among the top ten poets, next to Miguel de Unamuno,★ Antonio Machado,★ Juan Ramón Jiménez,★ Federico García Lorca,★ Jorge Guillén,★ and a few more. He belonged to the generation of 1927, which rediscovered Góngora, the great Baroque poet who had been prematurely buried by the realistic critics of nineteenth-century Spain. He was one of the young poets who had discovered Sigmund Freud and surrealism in Spanish. He fought for a poetry ambiguous enough to allow for the discreet expression of homosexual feelings. Some of Aleixandre's early books (*Espadas como labios*, 1932; *La destrucción o el amor*, 1935; *Sombra del paraíso*, 1944) played with phallic images in a way that was esoteric then but is obvious today. The self-censorship prevalent in Spain during the 1930s and 1940s affected even the critics and prevented them from decoding the rather loaded imagery of Aleixandre's poetry.

Aleixandre was not alone in his feelings. Both Lorca and Luis Cernuda had used brilliant imagery to convey their singularity. But Aleixandre did it in the most obscure, contorted, elliptical way. The poem here presented is a masterpiece of *litote*.* The verse is free-form although eleven- and twelve-syllable lines predominate. The poet writes of the very well-known topic of sadness after coitus. The sexual act, which drained him of all energy and which is called in French "the little death," has left the poet facing death. The "Reposo" of the title is only an appearance because the poet cannot forget the body that lies next to him ("mármol de carne soberana") nor the concrete sexual images that evoke the previous encounter ("Un aro limpio, una oquedad"; "el gemido de lo oscuro"; "partiendo en dos la piedra derribada"; "las gargantas partidas por el beso"). But he cannot avoid thinking about death because the flesh that has been aroused by desire is destined to be destroyed and die.

* **litote:** a rhetorical figure that indicates a suppressed meaning.

REPOSO

Una tristeza del tamaño[1] de un pájaro.
Un aro[2] limpio, una oquedad,[3] un siglo.
Este pasar[4] despacio sin sonido,
esperando el gemido[5] de lo oscuro.

Oh tú, mármol[6] de carne soberana.
Resplandor que traspasas los encantos,
partiendo en dos la piedra derribada.[7]
Oh sangre, oh sangre, oh ese reloj que pulsa
los cardos[8] cuando crecen, cuando arañan[9]
las gargantas partidas[10] por el beso.
Oh esa luz sin espinas que acaricia
la postrer[11] ignorancia que es la muerte.

1. **tamaño:** size. 2. **aro:** hoop. 3. **oquedad:** hollow. 4. **Este pasar:** This passing. 5. **gemido:** moan. 6. **mármol:** marble. 7. **derribada:** knocked down. 8. **cardos:** thistles. 9. **arañan:** they scratch. 10. **partidas:** split. 11. **postrer:** last, final.

CUESTIONARIO

1. ¿La palabra "reposo", que normalmente sugiere la tranquilidad, sugiere, en este poema, la tranquilidad o la ansiedad?

2. Según el verso final del poema, ¿a qué tipo de reposo se refiere el poeta?

3. ¿Cuál es la actitud del poeta hacia la muerte? ¿Le parece religiosa a Ud.?

LUIS BUÑUEL

SPAIN, 1900

Although from the very beginning of his film career, Luis Buñuel wrote his own scripts or closely collaborated with others in the writing, he is considered primarily a filmmaker. For Buñuel, writing is only the starting point of a process that will end only when the film is finally cut. But the writing of some of Buñuel's scripts is as good as any text of his Spanish contemporaries. To object that Buñuel's works are only scripts is like objecting to Shakespeare's plays because they were written to be performed by his company and under his guidance.

Born in Aragón, and keeping to this day the look of a handsome, wild peasant, Buñuel participated during the 1920s with Federico García Lorca* and Salvador Dalí, the painter, in the intellectually active and prankish life of the inmates of Madrid's Residencia de Estudiantes. (One of their favorite pranks was to shave very closely and, disguised as nuns, paw men in Madrid's streetcars.) Out of that surrealist and anarchist milieu came Buñuel's first two movies: *Le chien andalou* (1929), a medium-length feature in which there was no Andalusian dog and which was actually about an impotent young man; and *L'age d'or* (1930), in which Buñuel combined a savage criticism of bourgeois society with a very free presentation of some surrealist forms of fetishism. The Spanish Civil War and the Second World War cut short Buñuel's European career. He first found refuge in New York, but at the time of Senator Joseph McCarthy's campaign against the left, he had to move to Mexico. There he survived for a while filming second-rate musicals and third-rate melodramas until his name became famous again. His reputation enabled him to make his first important commercial picture, *Los olvidados* (1950), about the abandoned youth in Mexico City streets. The film was pedagogical and sentimental, but it was also cruel and beautiful. The blend of surrealist dream sequences with a violence so far found only in the picaresque novel of the Golden Age in Spain, made Buñuel internationally famous. He received the prize for Best Director at the Cannes Film Festival in 1951 and thus started a new movie career.

Today Buñuel is considered one of the acknowledged masters of the cinema. The scene reprinted here is from a film he made in France, *Le charme discret de la bourgeoisie (El discreto encanto de la burguesía)*, with French actors, technicians, and a French scriptwriter. But the text is very much Buñuel's. It starts with a commonplace situation: three women are accosted in a teashop by a handsome, intense young lieutenant who tells them the tragic story of his childhood. But Buñuel introduces some totally surreal elements into the situation: the teashop has run out of everything; the story the soldier tells is supernatural; the obviously psychoanalytic interpretations are parodied (the allusion to the Euclides complex is a parodic version of the Oedipus complex). Thus Buñuel undermines the solid assumptions on which bourgeois life rests—that teashops have to have food; that families have to practice decorum: wives must not have lovers, husbands ought to refrain from killing their wives, and sons should be discouraged from avenging their mothers' death by killing their fathers. From the trivial to the most sacred, the script pokes fun at everything. In a sense, the story parodies a situation fully exploited by Greek tragedy. By the mere mechanism of inversion, Buñuel shows that his vision of the world is pure carnival—the feast that crowns the fool as king and hails the whore as Madonna.

EL DISCRETO ENCANTO DE LA BURGUESÍA

E. MERIENDA[1] FRUSTRADA POR FALTA DE TÉ Y CAFÉ.

7. Salón de té (y hogar del Teniente para el sueño). Interior, día.

Contrapicado[2] de unos cortinajes[3] y panorámica descendente[4] para mostrar a los músicos de un conjunto musical (pianista, violinista y violoncelista) interpretando una pieza ligera, en un extremo de un elegante salón de té. La panorámica continúa por un lado para seguir a un Camarero con chaquetilla[5] blanca que se desliza por entre las mesitas del establecimiento, todas ellas ocupadas. Plano medio:[6] el Camarero acomoda alrededor de una mesita redonda a la señora Sénéchal, la señora Thévenot y Florence. Esta última queda en primer término,[7] parcialmente de espaldas a la cámara. El Camarero se apresta a tomar nota de lo que van a encargarle:

CAMARERO: ¿Qué les apetece a las señoras?
SEÑORA THÉVENOT: Tres tés, por favor.
CAMARERO: ¿Con leche o con limón?
SEÑORA SÉNÉCHAL: Para mí, con limón.
FLORENCE: Lo mismo para mí.
SEÑORA THÉVENOT: Con un poco de leche, por favor.
CAMARERO: Muy bien, señoras.

Se inclina y se aleja. Plano cercano de Florence, que parece molesta por algo.

<small>no preposition with poder</small>

FLORENCE: No puedo soportar la vista de este músico.
SEÑORA SÉNÉCHAL (*en off*)[8]: ¿Cuál?
FLORENCE: El violoncelista.

---

1. merienda: afternoon snack. **2. Contrapicado:** (*motion-picture term*) Zoom shot (in which the camera lens is changed to either magnify or demagnify an image), in this case *contra*, therefore demagnifying, or zooming away from, the image. **3. cortinajes:** curtains. **4. panorámica descendente:** (*motion-picture term*) panning (or sweeping) shot, in this case the camera descends as it pans. **5. chaquetilla:** jacket. **6. Plano medio:** (*motion-picture term*) medium shot; thus, *plano cercano* is close-up, and *plano general*, long shot. **7. primer término:** foreground. **8. en off:** (*motion-picture term*) the sound is heard but the image that corresponds to the sound is out of the frame.

Zoom hacia atrás para encuadrar[9] a las tres mujeres.

SEÑORA SÉNÉCHAL: ¿Por qué? ¿Acaso no le gusta el
violoncelo?
FLORENCE: Le tengo horror[10]... (*A su hermana.*) ¿Podrías
cambiar tu sitio por el mío, por favor?
SEÑORA THÉVENOT: ¿Y por qué no?

Las dos mujeres intercambian sus respectivos sitios.

SEÑORA SÉNÉCHAL: ¡Vaya!... Pues, a mí, el violoncelo es un
instrumento que me gusta mucho. La sonoridad, la...
FLORENCE: Los han suprimido en casi todas las orquestas.
(*Con un gesto hacia los músicos.*) ¡Mire usted eso!

*Primer plano de la mano izquierda del viejo músico, agitada por un
movimiento convulsivo de carácter nervioso y haciendo vibrar involuntaria-
mente las cuerdas del violoncelo. Vuelta a[11] las tres mujeres.*

FLORENCE: ¡Si por lo menos fuesen jóvenes!

*Las tres mujeres desvían su atención de la orquesta para mirar a su
alrededor[12] y contemplar a los ocupantes del salón. La señora Sénéchal
parece haber visto algo en particular en una mesa cercana.*

SEÑORA SÉNÉCHAL: ¿Han visto ustedes?
SEÑORA THÉVENOT: ¿De qué se trata?

*Al tiempo que busca algo en su bolso, la señora Sénéchal indica discreta-
mente hacia una dirección precisa.*

SEÑORA SÉNÉCHAL (*en voz baja*): Ese militar que está sentado
allí...
SEÑORA THÉVENOT: Es un teniente.
SEÑORA SÉNÉCHAL: ¿Le conoce usted?
SEÑORA THÉVENOT: No, ¿por qué?
SEÑORA SÉNÉCHAL: No nos quita ojo[13] desde que hemos
llegado.
SEÑORA THÉVENOT: Pues no le conozco.

9. **encuadrar:** to frame.   10. **Le...horror:** I hate it.   11. **Vuelta a:** (*motion-picture
term*) camera tracks back to.   12. **desvían...alrededor:** take their attention away from
the orchestra to look around them.   13. **No...ojo:** hasn't taken his eyes off us.

Amplio plano medio del Teniente en uniforme, de unos treinta años de edad y buen aspecto. Está sentado solo ante una mesa y mira en dirección a ellas. Zoom hacia adelante para tomarle en primer plano.

FLORENCE (*en off*): Yo tampoco.

Plano de las tres mujeres.

SEÑORA THÉVENOT: ¿Y se han dado cuenta del aire melancólico que tiene?

Se vuelve hacia él, al que se puede distinguir en el fondo. De pronto, el Teniente se levanta, choca los tacones[14] de sus botas en tácito saludo en honor de ellas, y se sienta de nuevo.

SEÑORA SÉNÉCHAL: Es cierto. Pero los tenientes muestran frecuentemente esa expresión. Siempre me he preguntado la razón.

Reaparece el Camarero con las manos vacías.

CAMARERO: Señoras, lo siento muchísimo, pero el té se nos ha terminado.

SEÑORA SÉNÉCHAL: ¿No tienen té? ¿Qué significa eso?

CAMARERO: Hoy, como pueden ustedes ver, ha venido mucha gente, y acabamos de servir el último té.

Mientras hablaba les ha mostrado con un ademán una mesa fuera de campo.[15] Las tres mujeres, sorprendidas, se miran sin saber qué hacer.

SEÑORA THÉVENOT: ¿Así que ya no les queda?

CAMARERO: No nos queda una gota, señora. ¿Desean tomar alguna otra cosa?

SEÑORA SÉNÉCHAL: Si han acabado el té, yo tomaré un taza de café.

SEÑORA THÉVENOT: Yo lo mismo.

FLORENCE: Para mí también. Con un coñac.

CAMARERO: Ah, señorita, no servimos alcohol.

SEÑORA SÉNÉCHAL: Entonces, tres cafés.

CAMARERO: Muy bien, señoras.

14. **choca...tacones:** clicks his heels together. 15. **fuera de campo:** (*motion-picture term*) outside of the frame.

Anota el encargo, se inclina y sale lentamente. Plano general del salón desde un punto alto. El Teniente se levanta, y, con paso regular, sin apresurarse, se acerca a la mesa de las tres mujeres. Plano americano[16] amplio: llega junto a la mesa, se detiene y se queda en pie, en una actitud irreprochable.

TENIENTE: Permítanme que me presente. (*Tiende una tarjeta de visita a Florence.*) Me llamo Hubert de Rochecachin. Soy teniente de caballería.

Las tres mujeres dirigen una mirada a la tarjeta, un poco turbadas[17] por un abordaje[18] que no esperaban, por lo menos tan directo. El Teniente coge por el respaldo una silla y pregunta:

TENIENTE: ¿Puedo sentarme a esta mesa?
SEÑORA SÉNÉCHAL (*vacilando*): Pues... claro.
TENIENTE: GRACIAS.

Se sienta frente a la señora Sénéchal y queda un instante pensativo, con la mirada perdida en la lejanía. Las tres mujeres cambian entre sí algunas miradas. El silencio se prolonga un poco más; después, el Teniente se inclina hacia adelante y pregunta a la señora Sénéchal:

TENIENTE: Señora..., ¿ha tenido usted una infancia feliz?
SEÑORA SÉNÉCHAL: Sí..., sí, sí, muy feliz.
TENIENTE (*volviéndose hacia la señora Thévenot*): ¿Y usted, señora?
SEÑORA THÉVENOT: Pues yo... sólo conservo de ella buenos recuerdos.[19]
FLORENCE: ¡Pues yo no! Tuve varios complejos: el complejo de Euclides,[20] el complejo de...
TENIENTE (*pensativo, interrumpiendo como sin querer*): Mi infancia ha sido trágica... ¿Me permiten que se la cuente?
SEÑORA SÉNÉCHAL: ¿Aquí y ahora?
TENIENTE: Sí. Tal vez es un poco larga, pero es interesante.
SEÑORA SÉNÉCHAL: Bueno... Si usted se empeña...

---

16. **plano americano:** (*motion-picture term*) medium shot. 17. **turbadas:** disturbed. 18. **abordaje:** approach; that is, when a man attempts to pick up a woman. 19. **conservo...recuerdos:** have good memories of it. 20. **complejo de Euclides:** (*joke*) instead of saying "Oedipus complex," Buñuel's character says "Euclid complex." Euclid, another famous ancient Greek, had nothing to do with tragedy and complexes but was a mathematician and the father of classical geometry.

El Teniente guarda silencio unos instantes, como si se esforzara en ordenar sus recuerdos. (Zoom hacia adelante para encuadrarle en plano muy cercano.)

TENIENTE: Recuerdo, cuando tenía once años... Iba a ingresar,[21] por primera vez, en la escuela militar... (*Primer plano del Teniente.*)

El recuerdo del Teniente nos retrotrae[22] veinte años atrás. Salón de una mansión de provincias, de día. Avanza una joven señora vestida austeramente de negro (el Ama de llaves[23]), deteniéndose en el umbral de la puerta del susodicho[24] salón. En el interior, alguien comenta:

SASTRE *(en off):* ¿Qué tal?... ¿No te tira de las sisas?[25] Abróchate[26] la guerrera[27] hasta arriba... ¡Así!

El Ama de llaves se dirige hacia el centro del salón (panorámica-travelling para seguirla), donde se encuentra un muchachito probándose el uniforme que deberá llevar en la escuela militar. El uniforme está terminado. El Sastre no hace más que comprobar que le sienta perfectamente. (Plano medio de los tres personajes.)

SASTRE *(al Ama de llaves):* ¡Vea, ya está terminado!

AMA DE LLAVES *(juzgando el trabajo del otro):* Muy bien. (*Al Niño.*) Tu padre quiere verte ahora. Ven.

El Ama de llaves se aleja en compañía del Niño, saliendo de cuadro.[28] El Sastre enciende un cigarrillo.

Sin decir palabra, el Niño sigue al Ama de llaves, la cual sale del salón para enfilar un corredor.[29] Se detiene ante una puerta y llama.

VOZ DE HOMBRE *(en off):* Entre.

(1) Suprimido al proceder al montaje definitivo.[30]

21. **ingresar:** enter. 22. **retrotrae:** flashbacks. 23. **ama de llaves:** housekeeper. 24. **susodicho:** above-mentioned. 25. **no...sisas:** It's not too tight under the armpits? 26. **Abróchate:** button yourself up. 27. **guerrera:** *. 28. **cuadro:** (*motion-picture term*) frame. 29. **enfilar un corredor:** enter a hallway. 30. **montaje definitivo:** final cutting.

El hombre está sentado ante una mesa-escritorio en un despacho austero (primer plano, tres cuartos de espalda[31] *a la cámara). Está en la plenitud de sus fuerzas; su aspecto es muy digno, casi imponente. Va en batín*[32] *y está terminando de escribir algo. Es el Padre del Niño. La puerta se abre y aparecen el Niño y el Ama de llaves.*

> AMA DE LLAVES: Su hijo, señor.
> PADRE: Puede usted retirarse.

El Ama de llaves sale, cerrando después la puerta. El Niño se adelanta y se acerca. El Padre le examina de la cabeza a los pies, severa y minuciosamente.

> PADRE: Date la vuelta. (*Así lo hace el Niño.*) Da unos pasos. (*El Niño obedece, panorámica para seguirle.*) Muy bien. (*Plano americano del Padre, de frente.*) Ahora, escúchame. Tu madre está muerta y yo soy el único responsable de tu educación. Vas a entrar en una escuela militar donde la disciplina es dura.

Mientras el Padre habla, lento travelling hacia atrás para que entre finalmente en cuadro el muchacho (de espaldas a la cámara y en actitud de firmes, frente a su Padre).

> PADRE (*siguiendo con su perorata*[33]): Pero debes saber que es por tu bien. Confío en que harás honor al nombre que te he dado.

El Padre coge de nuevo la pluma y se dispone a seguir con su escrito.

> PADRE (*sin levantar la cabeza*): Es cuanto tenía que decirte.

El Niño retrocede y, sin dejar de dar la cara al Padre, sale del salón procurando hacer el menor ruido posible.
Más tarde (se ha hecho ya de noche), el Niño empieza a avanzar apoyándose en los muros y a la pata-coja,[34] *como si la entrevista que acaba de tener con su padre le hubiese impresionado bien poco, hasta que se detiene ante una puerta en la que hay una ventanita cristalera (travelling hacia atrás y panorámica para seguirle). No viste el uniforme. Una vez ante la puerta, el niño mira a su alrededor, como si temiese ser sorprendido haciendo algo*

---

31. **tres cuartos de espalda:** (*motion-picture term*) three-quarter back view.   32. **batín:** robe.   33. **perorata:** speech, harangue.   34. **a la pata-coja:** jumping on one foot.

*prohibido. De pronto, a través de la ventanita puede verse a una joven
señora de pálido rostro y larga cabellera, que mira al niño.*

Niño (*al verla*): ¡Mamá!

*Entra precipitadamente en la estancia,[35] sin hacer el menor ruido, pero allí
no hay nadie (panorámica para mostrar el vacío de la habitación). Las
cortinas están echadas[36] y reina una fría oscuridad. Todos los muebles están
enfundados,[37] lo cual es indicio de que hace tiempo no se utilizan. La
panorámica termina encuadrando al Niño, en plano americano, mientras
escribe sobre el espejo de la chimenea, con una barra de rojo para labios,[38]
lo siguiente:*

«Mamá, yo te q...»

De pronto, el chirrido[39] de una puerta le inmoviliza.

Madre (*en off*): Hubert, hijo mío... Soy yo... No tengas
miedo...

*El Niño retrocede hacia la cámara y vuelve la cabeza. Lenta panorámica
hacia el armario abierto, donde cuelgan hasta rebosar,[40] cuidadosamente
alineados, los vestidos de la Madre, así como zapatos, cajas de sombreros y
otras pertenencias personales. El Niño queda petrificado a la vista de los
trajes, agitados levemente por una misteriosa brisa y de donde parece surgir
la enigmática voz, suave, como apagada por el espesor de las ropas:*

Madre (*en off*): Ven... No tengas miedo... Escúchame...
Acércate. El hombre que vive en esta casa y que te llama
hijo... no es tu padre... ¿Me comprendes?... Mira...

*Los vestidos colgados se entreabren[41] ligeramente para dejar paso a dos
manos blanquísimas y descarnadas.[42] Una de las manos se tiende hacia la
cama. Primer plano del Niño, que se vuelve hacia la cama.*

Madre (*en off*): Tu verdadero padre, ¡es él!

*Plano medio de un hombre vestido. Es un guapo joven con un fino mostacho.
Uno de sus ojos ha sido atravesado por una bala, por lo que aparece*

35. **estancia:** room.   36. **echadas:** closed.   37. **enfundados:** covered with dust
covers.   38. **barra...labios:** lipstick.   39. **chirrido:** squeak.   40. **rebosar:** overflow.   41. **se entreabren:** they open a little, half open.   42. **descarnadas:** wan,
emaciated.

ensangrentado;[43] *incluso pueden verse manchas de sangre en el hombro. Está totalmente inmóvil. (Zoom hacia adelante para mostrar el rostro del hombre.)*

> MADRE *(en off)*: El otro le dio muerte en un duelo, hace mucho tiempo. Nos queríamos mucho...

Plano medio de los trajes colgados, que se separan un poco más: el rostro de la Madre es ahora visible: un rostro pálido, descompuesto, de ojos blanquecinos.[44] *Plano cercano del Niño, que permanece como petrificado.*

> MADRE *(en off)*: Ahora, escúchame... No tengas miedo... (*Plano de la Madre con los labios inmóviles.*) El que se llama tu padre tiene la costumbre de despertarse, cada noche, para beber un vaso de leche...

Un poco más tarde, en el cuarto de baño (noche). Fuera, el ruido de una fuerte tempestad. Primerísimo plano, en la oscuridad reinante, de las manos del Niño cogiendo un frasquito[45] *de un estante.*

> MADRE *(en off)*: En el pequeño armario del cuarto de baño encontrarás una botellita azul. Cógela esta noche, cuando se duerma, y vacía su contenido en su vaso. Es la última cosa que tu madre te pide. Adiós, hijo mío...

Dormitorio del falso Padre, muy oscuro. Después, éste (en plano general) encendiendo la lámpara de la cabecera.[46] *Está en pijama, acostado en su cama. Fuera sigue la tempestad. El falso Padre se incorpora, apoyándose en un codo, medio dormido, y alarga la mano hacia un vaso. Lento zoom hacia él y ruido de la tempestad. Bebe y vuelve a dejar el vaso en su sitio, apaga la luz y se tiende de nuevo en el lecho. Aumenta el fragor*[47] *de la tempestad, con grandes truenos. Se incorpora, enciende la lámpara con dificultad, se vuelve y se revuelve en la cama, como si fuese presa*[48] *de vivos dolores. Intenta levantarse y lo consigue, no sin realizar grandes esfuerzos. Da tres pasos tambaleándose;*[49] *se dobla, apretándose el vientre con las manos, con el rostro contraído de dolor. Se sienta en el borde de la cama. Se levanta de nuevo. Retumbo de truenos.*[50] *Vacila, se apoya en la mesilla de noche y cae*

---

43. ensangrentado: bloody. **44. blanquecinos:** whitish. **45. frasquito:** bottle. **46. cabecera:** headboard of a bed. **47. fragor:** clamor. **48. como...presa:** as if he were victim. **49. tambaleándose:** tottering. **50. Retumbo de truenos:** Resounding thunder.

con ella. La lámpara también cae. Queda encogido en la cama, sufriendo el castigo. Panorámica para mostrarnos a la Madre y al verdadero Padre, con el ojo sangrante, contemplando impasibles la horrible agonía del moribundo. Plano cercano en picado[51] *del falso Padre agonizando. Se retuerce de dolor, cubierto de sudor, y expira. (El guión de rodaje*[52] *terminaba la escena con esta frase: «Entonces, los otros dos personajes desaparecen, dejando sus asientos vacíos».) Vuelta al salón de té. Plano cercano del Teniente, que sigue en el mismo sitio. Melancólico, termina de relatar su historia:*

TENIENTE: Y yo, algunos días más tarde, salía hacia la escuela militar…, donde una vida apasionante me esperaba.

Vuelve el Camarero (panorámica-travelling hacia atrás para encuadrarlos a todos). El Teniente tiene ahora una expresión ensimismada,[53] *con la mirada perdida en la lejanía. Las tres mujeres no saben qué decir ni hacer.*

CAMARERO: Lo siento señoras, pero también hemos terminado el café.

SEÑORA SÉNÉCHAL: ¿Cómo dice?

CAMARERO: Tampoco nos queda leche.

SEÑORA THÉVENOT: ¿Se burla usted de nosotras?

CAMARERO: Ah, nada de eso, señora. Pero se da la circunstancia de que hoy ha venido tanta gente… y no nos queda ni café ni leche.

SEÑORA SÉNÉCHAL: Pero, entonces, ¿qué podemos tomar?… ¿Tienen ustedes verbena?[54]

CAMARERO: Oh, no, señora. Ya no nos quedan tisanas.[55]

FLORENCE: Entonces, por lo menos tendrán agua.

CAMARERO: Ah, claro. No faltaría más.

FLORENCE: Entonces, tráiganos agua.

SEÑORA SÉNÉCHAL: Es inverosímil.[56]

El Camarero se aleja y sale de cuadro, al mismo tiempo que el Teniente se levanta para despedirse.

---

51. **en picado:** (*motion-picture term*) diving zoom shot. 52. **guión de rodaje:** working script. 53. **ensimismada:** absorbed. 54. **verbena:** vervain, an herbal tea. 55. **tisanas:** ptisan, herbal teas. 56. **inverosímil:** unbelievable.

TENIENTE: Les agradezco la atención que me han prestado, señoras. Con su permiso, me retiro.

SEÑORA SÉNÉCHAL: Muy bien, teniente.

FLORENCE: Y gracias.

El militar se inclina y se aleja. La señora Thévenot consulta su reloj.

SEÑORA THÉVENOT: ¡Oh Dios mío... ¿Dónde tengo la cabeza? (*Coge su bolso y se levanta.*) Tengo una cita. Debo dejaros. Perdonadme. Ya nos veremos uno de estos días.

SEÑORA SÉNÉCHAL: De acuerdo. Hasta pronto, Simone.

Panorámica-travelling siguiendo a la señora Thévenot, que atraviesa precisamente el salón mientras se pone los guantes. Cuando llega a la entrada, el Teniente se precipita[57] para abrirle la puerta como un botones.[58] Ella sale, dedicándole una sonrisa.

57. se precipita: hurries.   58. botones: bellboy.

CUESTIONARIO

1. ¿Dónde están las tres señoras?

2. ¿A Florence le gusta el violoncelo? ¿Y la Sra. Sénéchal, comparte la opinión de Florence sobre el violencelo?

3. Cuando las tres mujeres miran a su alrededor, ¿qué observa una de ellas?

4. Describa Ud. al militar y lo que está haciendo en ese momento.

5. El Teniente choca los tacones en saludo en honor de las señoras: ¿es esto parte de la conducta normal de un militar? ¿Qué otro gesto, según la Sra. Sénéchal, es frecuente en los militares?

6. ¿Qué noticias trae el camarero? En este contexto, ¿le parecen a Ud. extrañas esas noticias? ¿Por qué?

7. Después de presentarse a las señoras, ¿a qué se refiere casi enseguida el Teniente?

8. ¿Las señoras tienen interés en escuchar su historia?

9. Identifique Ud. a todos los personajes del cuento del Teniente.

10. ¿El señor que aparece al principio es el verdadero padre del niño?

11. Describa la forma en que se le aparece la madre al niño. ¿Es una alucinación o un sueño?

12. ¿Dónde vemos por primera vez al padre verdadero? Descríbalo en ese momento.

13. ¿Qué es lo que la madre le pide al niño?

14. Describa la escena de la muerte del supuesto padre.

15. ¿Cuáles son las noticias increíbles que trae el camarero al terminarse el cuento del Teniente?

16. ¿Qué ocurre entre la Sra. Thévenot y el Teniente al final de la escena?

ADOLFO BIOY CASARES

ARGENTINA, 1914

The emergence of the fantastic in a commonplace situation is Adolfo Bioy Casares' trademark. He has managed to create science-fiction situations out of the most banal circumstances: a man falls madly in love with the movie image of a woman in *La invención de Morel* (1940); a hoodlum relives a moment of bloody confrontation in *El sueño de los héroes* (1954); some old men are systematically exterminated by bands of young hoods in *Diario de la guerra del cerdo* (1968); people are turned into dogs by a mad scientist in a middle-class quarter of Buenos Aires in *Dormir al sol* (1970). Like the German-Czech writer Franz Kafka (1883–1924), but with a milder, almost invisible ironic smile, Bioy Casares writes about the horrors of real life.

Born in Argentina during that country's most prosperous era, Bioy Casares was destined to be a writer by his own vocation and the happy decision of his family. They chose the best possible mentor, Jorge Luis Borges,* who was at that time still unknown internationally but already the author of some masterful essays and short stories. Unfortunately, for a long time Borges' shadow loomed too large over Bioy Casares. For many years critics and readers were deceived by the disciple's seemingly imitative books. He not only collaborated with Borges but also used some of Borges' themes, changing some things here and there. But a rereading of his books (in which erotic passion and unsatisfied desire are so beautifully suggested) showed Bioy Casares to be his own master.

Bioy Casares' blend of Argentine settings and fantastic plots may be Borgesian, but his narrative voice and his preoccupations are very different from those of his mentor. Bioy Casares is an ironist who converts everything into parody, as the story "Mito de Orfeo y Eurídice"* proves. On the surface, it seems to be a very banal story about a man who discovers that the woman he once deserted has died. To fight his feelings of sorrow and guilt, he goes to his club (he is a well-to-do Argentine and as such is a member of the Jockey Club) for a massage and a bath. Nothing could be more commonplace, except that he chooses the wrong day. On that same day the government had decided to let some hoodlums loose and had given them a free hand to burn the club to ashes. A long feud between Juan Perón and the resisting Argentine upper class thus comes to an end. But the title of the story gives the game away. Interwoven into that commonplace story is the myth of Orpheus and Eurydice. Like Orpheus, the protagonist of Bioy's story descends into hell to rescue the woman he had loved. But in this story there is no rescue.

It would be possible to read an allegorical meaning into the text. The lost lover is Argentina, lost to its upper class into the hell of Peronism. But Bioy Casares is too subtle to press the point. It is enough to recognize between the lines of the story that the protagonist is as doomed as his class, and that hell (or a version of it) is what reality has now become for him. Hell is where lost lovers and lost countries live.

* Originally published in *Guirnalda con amores* (1959).

MITO DE ORFEO Y EURIDÍCE

Qué dramáticos parecen aquellos días, todos aquellos días, los templados[1] y los fríos, los luminosos y los turbios. Entonces le era dado[2] aún al más infeliz de nosotros, abrir una puerta, por así decirlo, y entrar en la aventura. Claramente sabemos que fué por azar que pasamos de largo,[3] y que en lugar de convertirnos en héroes acudimos a la oficina, escribimos libros e hicimos el amor a las mujeres. Por la magia o por la irresponsabilidad de la memoria, lo recordamos todo, aun la angustia y el oprobio[4] que nos pesaba como plomo en el pecho, nostálgicamente, hasta que al fin, para reaccionar, reconocemos que ni para eso vale el despotismo,[5] ya que la vida nos ofrece continuamente ocasiones de ponernos a prueba. La vida es tan delicada y fugitiva como el mercurio que escapa de un termómetro quebrado. O tal vez deba uno compararla, clásicamente, con la flor, símbolo de la belleza triunfante, que la pura torpeza de una mano aja y marchita.[6] Las prevenciones abundan: quien mire, verá, y sin duda no ha de permitir que la gravitación de lo cotidiano lo vuelva, como a todo el mundo, un poco indolente, un poco inescrupuloso, un poco vulgar. Existe, sin embargo, otra filosofía que recomienda cerrar de vez en cuando los ojos. Lo malo sería que al abrirlos despertáramos en un momento atroz, porque la vida tiene una perversa inclinación a imitar los melodramas y la vocación auténtica de golpear de modo poco original, muy cobarde, extremadamente certero.[7] No acabamos de formular la frase *A mí, eso no puede ocurrirme*, y está ocurriéndonos. Nadie sea tan incrédulo para negar que el amor enloquece, ni tan humilde para no admitir la posibilidad de que por su amor alguien muera.[8] Lo que lo ocurrió al pobre Silveira tiene algo de fábula. Yo entreveo una moraleja, pero ustedes quizá descubran otra, pues toda fábula y todo símbolo que no han muerto permiten más de una interpretación.

En cuanto a Silveira, opino que estaba cansado de Virginia. Se

1. **templados:** mild (days).   2. **Entonces le era dado:** Then one only had to. 3. **pasamos de largo:** we passed (it) up unknowingly.   4. **oprobio** humiliation. 5. **despotismo:** that is, Perón's despotismo.   6. **aja y marchita:** crumples and withers.   7. **certero:** accurate.   8. **Nadie sea...muera:** Let no one be so incredulous as to deny that love can drive you crazy, nor so humble as to not admit the possibility that for his love someone may die.

habían querido durante años y de pronto Silveira descubrió que nada era tan estéril como una amante, que él estaba muy solo y debía casarse, para que lo acompañaran, para que le dieran hijos, y que si Virginia no lo tomaba como marido (ya estaba casada, ya tenía hijos), debían romper.[9] ¿Cuándo un hombre, un argentino al menos, pensó tales hiprocresías? ¡Cómo si la vida llevara a alguna parte! ¡Cómo si los materiales para construir no fueran siempre sueños! ¡Cómo si vivir armónicamente, a lo largo de días felices, valiera poco! Lo cierto es que Silveira empezó a encontrar por todos lados a esa loquita[10] de Irma. Silveira comentó: "Quizá fuera por comparación, pero cuando volvía a Virginia, el ámbito de su mente y su mismo cuerpo me parecían sobrenaturales. Creo que si Virginia hubiera espiado mis desdichados amores con Irma, hubiera sonreído".

Aparentemente Silveira no observó que nuestras traiciones no divierten a las personas que nos quieren. Virginia no vió nada, pero alguien vió y contó. Poco después —el 15 de abril de 1953— la vida asestó uno de esos golpes[11] de que hablé. Virginia murió aquel día. No sé de qué murió. Tal vez otros hallen presuntuoso a Silveira, porque está seguro de que su amiga murió de amor por él. Tal vez otros pidan más pruebas: a Silveira, las circunstancias en que Virginia enfermó, la manera en que se negó a obedecer al médico, le bastaron. Cuando le llegó la noticia, no pudo creerla. Su primer impulso fué el de correr a casa de Virginia, como quien tiene que ver para convencerse. Inmediatamente reflexionó que si no cuidó la vida de su amada, por lo menos debía cuidar su memoria. Luego se preguntó si el escrúpulo no ocultaba una simple falta de coraje para enfrentar al marido, a los hijos y a las hijas, a los hermanos y a las hermanas, a quienes sabían y a quienes conjeturaban.[12] Se aborreció después por tener tales pensamientos. "La persona que más quiero en el mundo ha muerto" se dijo "y yo estoy ocupado en todo esto. Debo ir o no debo ir, pero no debo pensar en mi conducta, sino en Virginia". Pensó en Virginia un rato, y cuando miró el reloj, no entendió lo que estaba viendo; escuchó, volvió a mirar, se asomó a la ventana: recordó, como un sueño, que en esa ventana hubo primero luz, después noche. El reloj marcaba las cuatro y media y en la ventana había luz. Eran las cuatro y media del día siguiente, las cuatro y media del miércoles en que enterraban a Virginia a

---

9. **debían romper:** they should break up.   10. **loquita:** hare-brained, silly woman.   11. **asestó...golpes:** dealt one of those blows.   12. **a quienes...conjeturaban:** those who knew and those who guessed.

las cuatro. En el mismo instante en que le resultó evidente que nunca volvería a verla, dijo: "Si en alguna parte está, la veré". Se dirigió, como sonámbulo, a una estantería[13] que había cerca de la cama, y siguió hablando: "Hay que empezar por el principio. *El que busca, en cualquier libro encuentra lo que quiere.* En cualquiera —recapacitó, ante los lomos de su media docena de volúmenes—, salvo en estos". Pensó en unos amigos que tenían una excelente biblioteca; pero comprendió que le faltaba el ánimo para visitar a nadie; podía también ir a la Biblioteca Nacional, aunque largarse,[14] con ese peso en el alma, hasta la calle México..." ¿Y la biblioteca del Jockey Club?"[15] se preguntó. "¿Por qué no? Al fin y al cabo soy socio, y queda a la vuelta".

Se pasó un peine,[16] salió a la calle. Quizá porque esa tarde él estaba débil, la encontró muy estridente. Entró en el club por la puerta de Tucumán. El portero, un gallego[17] viejo, rubio, de voz caprina,[18] lo reconoció, lo retuvo algunos instantes, para interrogarlo cortésmente, solemnemente, sobre la salud, sobre su padre, sobre el tiempo, que pasó a describir como "un otoño raro, que asienta el catarro,[19] pero que es preferible, lleve usted la cuenta,[20] muy preferible a la humedad del año anterior, que era malsana".[21] Se internó por el corredor, subió dos o tres escalones, pasó unas puertas de vidrio, dobló a la derecha, siguió por otro corredor, oscuro y fresco. En el bar bebió dos ginebras. Luego se dirigió al *hall* principal y, frente a la escalera de mármol, en cuyo descanso estaba Diana,[22] se detuvo; despertó de su abstracción y caminó suspendido y atento, no suspendido y atento porque lo deslumbrara la belleza o el esplendor (no hay que exagerar); suspendido, por encontrarse de pronto tan lejos de la clamorosa y áspera ciudad que se extendía afuera; atento a la luz casi tenebrosa de las altas lamparitas,[23] al dibujo simétrico de los mosaicos,[24] a cierto color rojizo de las maderas, a cierto olor de las resinas, a las gruesas alfombras y a un algo que se desprendía[25] de todo ello y que era tan real en el interior de esa casa como lo es un estado de ánimo[26] en el interior de cada uno. Entró en la biblioteca.

---

13. **estantería**: bookcase.   14. **largarse**: going off.   15. **Jockey Club**: elegant English-style men's club.   16. **Se...peine**: He combed his hair.   17. **gallego**: Galician, from the province of Galicia in Spain, but in South America *gallego* means Spaniard in general.   18. **caprina**: goatlike.   19. **asienta el catarro**: keeps one's cold going.   20. **lleve...cuenta**: mark my words, sir.   21. **malsana**: unhealthy.   22. **Diana**: statue of Diana, goddess of the hunt.   23. **lamparitas**: light bulbs.   24. **mosaicos**: tiles.   25. **algo...desprendía**: something that issued from.   26. **estado de ánimo**: state of mind; mood.

En una mesa que había en el fondo, a la izquierda, pidió libros. La primera parte de su plan —quizá el resto fuera nebuloso, pero tenía realidad para Silveira, que, después de veintitantas horas de ayuno, de vigilia, de meditación sobre la muerte, no se hallaba en un estado de completa cordura—[27] la primera parte del plan, digo, consistía en recordar lo que pensaron del otro mundo los hombres. No esperaba adelantar mucho, pero de algún modo debía empezar; además creyó que por la misma naturaleza de lo que estaba buscando, no lo hallaría donde lo buscara; su plan era esforzarse por un lado, para que el hallazgo le llegara, gratuitamente, por otro.[28] Se desilusionó. Aquellos libros, acaso la más elevada expresión del espíritu humano, no habían sido escritos para él. Después de recorrer líneas como: *Es ya hora de levantarnos del sueño, recorramos la feliz morada*[29] *de los muertos bienaventurados, despertad y cantad, moradores del polvo, entonad himnos ante el trono de Gloria* (tales eran el tono general y la esencia de sus lecturas) quedó profundamente acongojado, con frío en los huesos, desanimado para la busca. Devolvió los libros y, porque tiritaba,[30] resolvió tomar un baño.

El pobre Silveira estaba en el Jockey Club y estaba quién sabe dónde. Buscó el ascensor más lejano: uno que había frente al bar; cuando llegó ahí, apretó el botón de llamada, acercó la cara a la mirilla[31] y, con impaciencia, empujó otra puerta, bajó por una escalera de caracol,[32] gris, de hierro, de caja tan pequeña, que debió agacharse para no golpear la cabeza contra los escalones que subían. Entró en un amplio salón rectangular, de mosaicos, que parecía un salón en el fondo de un buque,[33] o tal vez en el fondo del océano, o en el fondo de un estanque[34] de agua verdosa; contra las paredes había roperos[35] y un largo banco de madera oscura, rojiza; quietos ventiladores, de grandes aletas,[36] colgaban del techo; rodeaban una mesa desvaídos[37] sillones de paja y alguna planta traía el recuerdo de invernáculos.[38] Diseminados por el banco, tres o cuatro socios se vestían o desvestían, sin premura;[39] uno esperaba un pantalón, que le planchaban en la sastrería, y otro, con zapatos, con medias, con ligas, desnudo, se peinaba frente a lavatorios y

---

27. **cordura:** sanity.   28. **esforzarse...por otro:** make an effort in one direction, so that the finding would come to him, freely, from another.   29. **morada:** dwelling; **moradores:** dwellers. This quotation comes from *Las moradas* of Santa Teresa.   30. **tiritaba:** *.   31. **mirilla:** peephole.   32. **escalera de caracol:** spiral staircase.   33. **buque:** ship.   34. **estanque:** pond.   35. **roperos:** lockers.   36. **aletas:** fan propellers.   37. **desvaídos:** faded.   38. **invernáculos:** hothouses.   39. **sin premura:** unhurriedly, leisurely.

espejos. Un hombre de blanco apareció con una salida de baño, dos toallas, un par de zuecos.[40] Silveira se desvistió, se arropó[41] en la salida, calzó los zuecos (pensando: "Tarde o temprano habrá que probar los hongos",[42] humilde broma que lo entretuvo en medio de su tristeza) y corrió a los baños. En la primera sala de duchas, una banderola[43] estaba abierta; descubrió una segunda sala, más abrigada, muy vaporosa, de mármol negro, blanco y castaño. Un empleado le indicó una ducha, se la graduó,[44] le jabonó la espalda, le entregó un jaboncito. Junto a una de las duchas de enfrente, otro empleado conversaba con un anciano, a quien Silveira miró con envidia, porque no manejaba, como él, un modesto jaboncito, sino un enorme bol de madera, pletórico[45] de jabón de pino, y una brocha de yute;[46] en una chapa[47] metálica, el bol llevaba grabado un nombre —Almirón— que le evocó recuerdos de algo que había leído sobre el año 1900 y la visita del presidente Campos Salles.

Hay un placer en estar inmóvil bajo la ducha; otro en condescender a jabonarse cuidadosa, lenta y abstraídamente. Olvidado de todo, Silveira oía, a lo lejos, las duchas y el diálogo del empleado con el anciano. La voz del empleado, por momentos alta y casi pueril, por momentos ululada,[48] era peculiar. Por la voz, repentinamente Silveira reconoció al hombre: un tal Bernardo, un italiano de escasa estatura y muy vestido, al que se vió hasta hace poco por Florida, un increíble sobreviviente del Buenos Aires de cuarenta años atrás, con orión gris perla,[49] con cuello duro, con guantes de cabritilla,[50] con bastón de malaca,[51] con pantalón de fantasía,[52] con polainas,[53] y que fué, en sus buenos tiempos, *valet* de tíos de Silveira y de amigos de la casa, toda gente muerta. El mismo Bernardo... Ante el vértigo se detuvo el pensamiento de Silveira.

El señor Almirón había salido de la ducha; Bernardo le entregaba las toallas, primero la turca, después la de hilo; lo acompañaba hasta la puerta; ahí hacían un alto, pero la conversación, aparentemente, no terminaba y, seguido de Bernardo, el señor Almirón retomaba su camino.

40. **zuecos:** clogs. 41. **se arropó:** wrapped himself in a robe. 42. **hongos:** fungi; athlete's foot. 43. **banderola:** transom. 44. **se la graduó:** graduated the water temperature for him. 45. **pletórico:** overflowing. 46. **brocha de yute:** jute brush. 47. **chapa:** label. 48. **ululada:** howling. 49. **orión...perla:** soft, gray felt hat. 50. **guantes de cabritilla:** kid gloves. 51. **bastón de malaca:** Malacca cane. 52. **pantalón de fantasía:** striped pants. 53. **polainas:** spats.

Del lado del vestuario se oyó un clamor. El empleado corrió a ver qué pasaba; al rato volvió y gritó:

—Están atacando el club. Hay que huir. Van a atraparnos como ratas.

—A mí no me van a atrapar —replicó Silveira.

—Voy a ayudar al viejo Bernardo, que está medio ciego —dijo el empleado.

Silveira reflexionó: "Entonces no está muerto". Si Bernardo no estaba muerto, lo que él tomó por certidumbre era un desvarío.[54] A menos que, precisamente, para prepararle el ánimo hubieran puesto en ese paraje intermedio a un hombre de quien no podía afirmar que estuviera vivo o muerto. En cuanto a Almirón ¿cómo podía estar aún vivo? Ya más seguro, se dirigió a una puerta que había en el otro extremo de la sala y la abrió. Lo primero que divisó en la bruma fué el rostro de un viejo criado de su casa, llamado Soldano, muerto hacía unos años en Quilmes. El criado le sonreía afectuosamente, como invitándolo a entrar; Silveira obedeció. Aunque había bruma, aquello no era otra sala de baños.

Si alguien, a la mañana siguiente, quiso llegar al club, para inquirir por Silveira, en Tucumán y San Martín habrá encontrado gente agrupada y policía que no dejaba pasar. Pretextó[55] acaso (como otros lo hicieron) que vivía en el Claridge,[56] y desde la entrada de ese hotel contempló, por última vez, el edificio del Jockey Club, todavía perfecto. Una breve espiral de humo se desprendía de alguna parte y la manguera,[57] dirigida por el bombero apostado en Tucumán hacia una pared donde el fuego no llegó, echaba poca agua; pero ese testigo y tantos otros creímos que el incendio estaba sofocado. Nos equivocamos. Muy pronto surgieron las ruinas y luego quedó el terreno desnudo. Mirando el terreno nadie adivinaría el plano del edificio; un arquitecto de ahora, educado en la admiración de lo simple y de lo neto, sería incapaz de imaginarlo, y usted mismo, si le preguntaran por cuántas escaleras, incluyendo las de caracol, pudo subir y bajar allá adentro, o por cuántas salas de baño pudo Silveira extraviarse[58] cuando descendió al otro mundo, no daría una respuesta terminante, porque en verdad esa casa quemada tenía algo mágico.

---

54. **desvarío:** delirium, hallucination.   55. **Pretextó:** He gave the pretext.
56. **Claridge:** one of the best hotels in Buenos Aires.   57. **manguera:** hose.
58. **extraviarse:** lose his way.

CUESTIONARIO

1. ¿A qué días se refiere el narrador? ¿Por qué parecían dramáticos?

2. ¿Es sólo el despotismo que causa la angustia y el oprobio?

3. ¿Cómo describe el narrador la vida?

4. ¿Qué calidad tiene lo que le ocurrió a Silveira?

5. ¿Estaba Silveira cansado de Virginia? ¿Por qué?

6. ¿Le pareció a Silveira que sus razones para romper con Virginia eran hipocresías? ¿Por qué?

7. ¿Qué le pasó a Virginia el 15 de abril de 1953?

8. ¿La fecha, el 15 de abril de 1953, tiene otra significación?

9. ¿A dónde decidió Silveira ir? ¿Por qué?

10. ¿Qué significa la siguiente frase: "Eran las cuatro y media del día siguiente, las cuatro y media del miércoles en que enterraban a Virginia a las cuatro."?

11. ¿Usted cree que a Silveira la calle le parecía estridente sólo porque él estaba débil?

12. ¿A dónde se dirigió Silveira después de estar en la biblioteca? ¿Cómo llegó hasta allí?

13. Describa los baños del Jockey Club: ¿Quiénes estaban allí y qué hacían?

14. ¿Qué noticia les gritó el empleado?

15. ¿Estaban o no muertos Almirón, Bernardo y Soldano?

16. ¿Dónde cree usted que se encontraba realmente Silveira? Al responder, explique el paralelo entre la historia de Silveira y el mito de Orfeo y Eurídice.

JULIO CORTÁZAR

ARGENTINA, 1914

In Julio Cortázar's fiction (as in Jorge Luis Borges'* and Adolfo Bioy Casares'*), the line between literature and reality is generally blurred, as is the line between the armchair and the book blurred in the experience of the protagonist of "Continuidad de los parques." A man who is quietly reading a novel at home reaches the page on which another man who is quietly reading a novel at home is murdered. Or is it the first reader ? The perils of reading are thus brought to our attention in the most simple way. Putting aside our book for a moment, we look around to see if anybody is coming to get us.

Born in Brussels of Argentine parents, Cortázar was four years old when his family returned to Argentina. Since he had learned French as a child, he still retains the harsh *r* of that language and has an easy familiarity with French culture. Cortázar became a high school teacher and taught literature in the provinces. But he had also studied English, had written a thesis on John Keats, and had translated Edgar Allan Poe's complete works into Spanish. In the early 1950s, when Juan Perón began persecuting Argentine intellectuals in earnest, Cortázar, who was more interested in surrealism than in politics, moved to France in order to work as a translator for UNESCO. Although he had already produced a book of poems, a poetic play in prose, and a collection of short stories, *Bestiario* (1951), very much in the style of Borges', he was not to achieve success as a novelist until the publication of *Rayuela* (1963). The book was hailed by many as the *Ulysses* of Latin American literature, and it placed Cortázar in the forefront of the new Latin

American novelists. It also made it obvious that he was less a younger Borges than an original comic writer, with an almost unlimited talent for slapstick situations and a fascination with the philosophy of the absurd.* Several volumes of short stories and novels, plus assorted essays and poems, helped to establish his reputation as a prolific and entertaining writer. A belated but enthusiastic discovery of politics (through the Cuban revolution) made Cortázar, in the 1960s, a cult figure among the younger generation of Latin American readers and writers. But he has studiously kept out of Argentine politics, adopting French citizenship and making his residence in Paris and southern France.

* **the absurd:** a school of Parisian-based playwrights and fiction writers, among whom Eugène Ionesco (Rumania, 1912) and Samuel Beckett (Ireland, 1906) are prominent.

CONTINUIDAD DE LOS PARQUES

Había empezado a leer la novela unos días antes. La abandonó por negocios urgentes, volvió a abrirla cuando regresaba en tren a la finca;[1] se dejaba interesar lentamente por la trama,[2] por el dibujo de los personajes. Esa tarde, después de escribir una carta a su apoderado[3] y discutir con el mayordomo[4] una cuestión de aparcerías,[5] volvió al libro en la tranquilidad del estudio que miraba hacia el parque de los robles.[6] Arrellanado[7] en su sillón favorito, de espaldas a la puerta que lo hubiera molestado[8] como una irritante posibilidad de intrusiones, dejó que su mano izquierda acariciara una y otra vez el terciopelo verde y se puso a leer los últimos capítulos. Su memoria retenía sin esfuerzo los nombres y las imágenes de los protagonistas; la ilusión novelesca lo ganó[9] casi en seguida. Gozaba del placer casi perverso de irse desgajando línea a línea de lo que lo rodeaba,[10] y sentir a la vez que su cabeza descansaba comodamente en el terciopelo del alto respaldo, que los cigarrillos seguían al alcance de la mano, que más allá de los ventanales danzaba el aire del atardecer bajo los robles. Palabra a palabra, absorbido por la sórdida disyuntiva[11] de los héroes, dejándose ir hacia las imágenes que se concertaban[12] y adquirían color y movimiento, fue testigo del último encuentro en la cabaña del monte. Primero entraba la mujer, recelosa;[13] ahora llegaba el amante, lastimada la cara por el chicotazo de una rama.[14] Admirablemente restañaba ella la sangre[15] con sus besos, pero él rechazaba las caricias, no había venido para repetir las ceremonias de una pasión secreta, protegida por un mundo de hojas secas y senderos furtivos. El puñal se entibiaba[16] contra su pecho, y debajo latía la libertad agazapada.[17] Un diálogo anhelante[18] corría por las páginas como un arroyo de serpientes, y se sentía[19] que todo estaba decidido

---

1. finca: country estate.   **2. trama:** plot.   **3. apoderado: *.**   **4. mayordomo:** overseer.   **5. aparcerías:** business; specifically, the contracts by which the owner of an estate parcels out his land in lots along with a proportional division of the produce from the land.   **6. robles:** oaks.   **7. Arrellanado:** comfortably lounging.   **8. que... molestado:** that might have bothered him.   **9. lo ganó:** drew his interest.   **10. irse... rodeaba:** he was torn away, line by line, from the reality around him.   **11. disyuntiva:** dilemma.   **12. se concertaban:** formed a pattern.   **13. recelosa:** apprehensive. **14. chicotazo...rama:** whipped by a branch.   **15. restañaba...sangre:** she stopped the flow of blood.   **16. se entibiaba:** got warm.   **17. agazapada:** crouching in waiting.   **18. anhelante:** anxious.   **19. se sentía:** one felt.

desde siempre. Hasta esas caricias que enredaban el cuerpo del amante como queriendo retenerlo y disuadirlo, dibujaban abominablemente la figura de otro cuerpo que era necesario destruir. Nada había sido olvidado: coartadas,[20] azares, posibles errores. A partir de esa hora cada instante tenía su empleo minuciosamente atribuido. El doble repaso despiadado[21] se interrumpía apenas para que una mano acariciara una mejilla. Empezaba a anochecer.

Sin mirarse ya, atados rígidamente a la tarea que los esperaba, se separaron en la puerta de la cabaña. Ella debía seguir por la senda que iba al norte. Desde la senda opuesta él se volvió un instante para verla correr con el pelo suelto. Corrió a su vez, parapetándose[22] en los árboles y los setos,[23] hasta distinguir en la bruma malva del crepúsculo la alameda[24] que llevaba a la casa. Los perros no debían ladrar, y no ladraron. El mayordomo no estaría a esa hora, y no estaba. Subió los tres peldaños del porche y entró. Desde la sangre galopando en sus oídos le llegaban las palabras de la mujer: primero una sala azul, después una galería,[25] una escalera alfombrada. En lo alto, dos puertas. Nadie en la primera habitación, nadie en la segunda. La puerta del salón, y entonces el puñal en la mano, la luz de los ventanales, el alto respaldo de un sillón de terciopelo verde, la cabeza del hombre en el sillón leyendo una novela.

20. **coartadas:** alibis.   21. **doble...despiadado:** relentless double checking.   22. **parapetándose:** hiding behind.   23. **setos:** hedges.   24. **alameda:** avenue with poplars. 25. **galería:** *.

CUESTIONARIO

1. ¿Cómo empieza el cuento?

2. ¿Dónde está el hombre cuando empieza a leer la novela de nuevo? Describa la escena.

3. ¿Qué más sabemos del hombre que lee la novela?

4. Resuma el argumento de la novela que el hombre lee:
   a. ¿Dónde se encuentran los amantes?
   b. ¿Qué le había pasado al amante en la cara?
   c. ¿Qué tenía el amante contra el pecho?
   d. ¿Quién va a ser la víctima de la puñalada?
   e. ¿Por qué a la víctima no le protegen el mayordomo y los perros?

5. ¿A cuál género pertenece la novela?

6. ¿Tienen el mismo final la novela que lee el hombre y el cuento de Cortázar? ¿Cuáles son los dos parques referidos en el título?

7. ¿Es común en los cuentos de Cortázar la simultaneidad de las dimensiones de espacio y de tiempo, de la realidad y de la ficción?

4-I-73.

novas

TRES

UNA NUEVA
DIMENSIÓN

REALISM DOES NOT exhaust our view of reality. This does not imply, of course, that its imitative reconstruction of reality has no merit whatsoever. It is precisely the awareness of this merit—after the radical criticism of its shortcomings stated by Miguel de Unamuno* and Jorge Luis Borges*—that made possible a new dimension of realism in contemporary Hispanic literature. Instead of limiting realism to the presentation of everyday surfaces, Hispanic writers have explored its other dimensions. Borges, for instance, has written stories in which nothing supernatural happens, except that the behavior of some of his characters is extraordinary, as can be seen in "El muerto," included in this section. By stylizing the Oedipal conflict between the protagonist and the old chieftain, Borges has brought to the surface its mythical aspect without losing any of its realistic connotations. A superficial reader may see it as only another story of gauchos, a variant of the picaresque tale.

In a similar vein, Miguel Angel Asturias* uses hyperbole* and the grotesque to make more frightening his tale of the corruption and horror of a local dictatorship, while Juan Rulfo* in "Talpa" crisscrosses from a commonplace rural adultery to a masochistic religious procession that adds a mythical meaning to his story. The poets take very concrete subjects—Gabriela Mistral's* bread, Pablo Neruda's* cat, Jorge Guillén's* astronauts, Octavio Paz's* naked women—and mutate them into fantastic objects: real and supernatural at the same time. By this magic procedure they communicate the marvelous nature of reality.

The "marvel," of course, is in the eye of the beholder. As Columbus discovered in 1492, and the Cuban novelist Alejo Carpentier (1904–) rediscovered in 1948, Latin American reality seems "marvelous." It is so in the eyes of the European or of the European-educated Latin American. By projecting over reality their own feeling of discovery they create marvels. The new Latin American writers have recovered that gift of seeing that was never entirely lost to the Spaniards. Through their eyes, new dimensions of reality are being incorporated and forever fixed in the collective text that is called Hispanic literature.

* **hyperbole:** a rhetorical figure of exaggeration.

GABRIELA MISTRAL

CHILE, 1889–1957

Although she became famous for her poems about the tragic death of her lover (who committed suicide in 1914) and the pains of frustrated motherhood, Gabriela Mistral wrote some of her best lyrics about everyday objects (such as bread and stone, as in the two poems reprinted here) or experiences that were shared by the commonest of people. Her secret was that she could give life, extraordinary poetic life, to the commonplace.

Born Lucila Godoy Alcayaga, she chose the pseudonym Gabriela Mistral to put her poetry under the patronage of the archangel Gabriel and to honor a nineteenth-century Provençal poet, Frédéric Mistral (1830–1914). She was deeply religious and was torn by emotional conflicts she did not dare to express in her poetry. Proud of her Indian ancestry, beautifully dark and somber, Mistral was reluctant to accept publicity. *Desolación* (1922) owed its existence to the persuasive powers of Federico de Onís, the dean of Latin American literary studies in the United States. Published in New York in a Spanish edition, *Desolación* soon made Mistral famous throughout the Hispanic world. To another friend and admirer, Victoria Ocampo, the Argentine writer and founder of the literary magazine *Sur*, Mistral owed the publication of the second most important volume of her poetry, *Tala* (1938). In 1945 she received the Nobel Prize for Literature, and her name became known to an even larger audience. She was the first Latin American writer to be thus honored.

Unlike that of Pablo Neruda* and Nicanor Parra,* her younger compatriots, Mistral's poetry is not experimental. Using traditional meters (seven-, nine-, and eleven-syllable verses) and even more traditional subjects, Mistral explores in "Pan" and "Muro" two of the elementary objects that form part of any person's experience. In "Pan," the bread of communion becomes the symbol of friendship without ceasing to be bread; that is, a substance that both nourishes us and underlines our unbreakable link with nature. But her bread is also full of biblical associations. Like one of her literary ancestors, Santa Teresa de Jesús, the Spanish nun who worked happily both in the kitchen and in the library, Mistral knew how to handle these elementary objects without losing track of their spiritual meaning. In "Muro," the stone wall serves not only to separate, divide, alienate; it is also a reminder that some substances are more lasting than others and that people are not made of stone. Through these simple poetical statements, Mistral touches metaphysics, yet at the same time she never forgets the realm of the physical.

PAN

Dejaron un pan en la mesa,
mitad quemado, mitad blanco,
pellizcado encima y abierto[1]
en unos migajones[2] de ampo.[3]

Me parece nuevo o como no visto,[4]
y otra cosa que él no me ha alimentado,
pero volteando[5] su miga, sonámbula,
tacto y olor se me olvidaron.

Huele a mi madre cuando dió su leche,
huele a tres valles por donde he pasado:
a Aconcagua,[6] a Pátzcuaro,[7] a Elqui,[8]
y a mis entrañas cuando yo canto.

Otros olores no hay en la estancia[9]
y por eso él así me ha llamado;
y no hay nadie tampoco en la casa
sino este pan abierto en un plato,
que con su cuerpo me reconoce
y con el mío yo reconozco.

Se ha comido en todos los climas
el mismo pan en cien hermanos:
pan de Coquimbo,[10] pan de Oaxaca,[11]
pan de Santa Ana y de Santiago.[12]

1. **pellizcado...abierto:** pinched on top and opened.   2. **migajones:** inside of bread rolled into balls.   3. **ampo:** pure white.   4. **como no visto:** as if never seen before, unheard of.   5. **volteando:** turning over.   6. **Aconcagua:** highest mountain in the South American Andes, between Chile and Argentina.   7. **Pátzcuaro:** the lake and the city on its shore in the Department of Michoacán, in Mexico.   8. **Elqui:** a lagoon in Chile in the Department of Coquimbo.   9. **estancia:** room.   10. **Coquimbo:** city and province in Chile.   11. **Oaxaca:** state in Mexico.   12. **Santa Ana, Santiago:** names of cities in various countries of South America.

En mis infancias yo le sabía
forma[13] de sol, de pez o de halo,
y sabía mi mano su miga
y el calor de pichón emplumado...[14]

Después le olvidé, hasta este día
en que los dos nos encontramos,
yo con mi cuerpo de Sara vieja[15]
y él con el suyo de cinco años.

Amigos muertos con que comíalo[16]
en otros valles, sientan el vaho[17]
de un pan en septiembre molido
y en agosto en Castilla segado.[18]

Es otro y es el que comimos
en tierras donde se acostaron.
Abro la miga y les doy su calor;
lo volteo y les pongo su hálito.[19]

La mano tengo de él rebosada[20]
y la mirada puesta en mi mano;
entrego un llanto arrepentido
por el olvido de tantos años,
y la cara se me envejece
o me renace en este hallazgo.

Como se halla vacía la casa,
estemos juntos los reencontrados,
sobre esta mesa sin carne y fruta,
los dos en este silencio humano,
hasta que seamos otra vez uno
y nuestro día haya acabado...

---

13. yo...forma: I knew its form. **14. pichón emplumado:** plumed baby bird. **15. Sara vieja:** in the Bible, the wife of Abraham, who gave birth as an old woman. **16. comíalo:** ate it. **17. vaho:** vapor, steam. **18. segado:** cut (as in the case of grain). **19. hálito:** breath. **20. rebosada:** overflowing.

MURO

Muro[1] fácil y extraordinario,
muro sin peso y sin color:
un poco de aire en el aire

Pasan los pájaros de un sesgo,[2]
pasa el columpio[3] de la luz,
pasa el filo[4] de los inviernos
como el resuello[5] del verano;
pasan las hojas en las ráfagas[6]
y las sombras incorporadas.

¡Pero no pasan los alientos,
pero el brazo no va a los brazos
y el pecho al pecho nunca alcanza!

1. **muro:** wall. 2. **de un sesgo:** swiftly, obliquely. 3. **columpio:** swing. 4. **filo:** edge. 5. **resuello:** heavy breathing. 6. **ráfagas:** gushes of wind.

CUESTIONARIO

"PAN"

1. ¿Por qué el poeta dice que el pan es nuevo ó *como no visto*?

2. ¿Esta idea tiene alguna relación con la frase del Padre Nuestro: *El pan nuestro de cada día dánoslo hoy*?

3. ¿Cuáles son los valles americanos que el poeta menciona y por qué?

4. ¿Con qué compara ella la forma del pan?

5. ¿Qué recuerdos le despierta ese pan?

"MURO"

1. ¿El poeta se refiere a un muro real o a un muro metafórico?

2. ¿Qué significa para usted el muro de que habla el poeta?

3. ¿Cuál es el sentimiento que está tratando de comunicar el poeta?

JORGE GUILLÉN

SPAIN, 1893

Time has helped to clarify the poetical landscape of twentieth-century Spanish literature. In 1927, other poets may have seemed more important than Jorge Guillén: Federico García Lorca* for his brilliance; Rafael Alberti for his political commitment; Vicente Aleixandre* for his intriguing surrealist imagery. Today there is no question that Guillén is and *always was* the master. The scope and delicate precision of his poetry, the way he metamorphoses objects into magical beings or reveals the hidden substance of things without losing any of their concreteness, has deeply influenced the Hispanic and Brazilian poetry of this century. Two of the major younger poets of Latin America (the Mexican Octavio Paz* and the Brazilian João Cabral de Melo Neto) acknowledge him as a model. In spite of all this, Guillén is less known among general readers than are some of his contemporaries.

A learned poet, Guillén has devoted a considerable part of his time to teaching and to writing perceptive essays on poetry. He belongs (with Borges* and Paz*) to the lineage of Paul Valéry and T. S. Eliot: poets who are also critics and who can articulate their views in prose as well as in verse. For a while, Guillén set himself the task of writing not a sequence of poems but a unified, single "work." Under the title *Cántico*, he collected and organized his early poetry in successive volumes (1928, 1936, 1943, 1950, 1962). But already by the late 1950s, a new sequence of poems, collected under the general title *Clamor* (1957, 1960, 1963), interfered with the too rigid organization of the early project. War, calamities, and death destroyed some of Guillén's serenity and joy of living, but it did not quench his thirst for poetry.

Guillén has never ceased to celebrate the miracle of life. In "Nada más," a combination of seven- and eleven-syllable verses, he quietly rejects the interstellar world discovered by the space travelers and firmly elects to remain in this world. He admires the galaxies, of course, but he is more attracted to the adventure of living (of continuing to live) on earth. Or to put it in a different imagery, he prefers the kingdom of *this* world. This acceptance of the world is not conventional because the poet always sees the commonplace as new. Landscape becomes transfigured, and humanity's quest on this planet has the touch of the magical in it.

NADA MÁS

I

Toda la tarde cabe en la mirada,
Una sola mirada de sosiego.[1]

Horizonte sin bruma[2]
Reúne bien el mar
Con ese azul de bóveda[3]
Que va hasta las montañas,
Azules desde aquí,
Esta arena en que escucho el oleaje.[4]

La tierra con el aire sobre el agua.

Más lejos, invisibles
Espacios tras espacios
Vacíos con tinieblas
O con terribles luces,
Definitivamente
Más allá de los hombres,
De su saber, su alcance.

Y yo, ¿qué sé? Me dicen...
Son términos de espanto: nebulosas,
Galaxias.
                    ¿Nos abruman?[5] Nos anulan.

II

Aunque preso en la Tierra y sus prisiones,
El corazón audaz
Emprende la conquista
De... ¿Nada es ya imposible?

1. **sosiego:** calm. 2. **bruma:** mist. 3. **bóveda:** (*metaphor*) the heavenly vault.
4. **oleaje:** lapping of the waves. 5. **abruman:** they overwhelm.

Sobre una redondez
Como el grosor[6] de un átomo ignorado
Rebulle[7] en el silencio universal
La aventura terrestre.

No importa. Diminuto,
Alguien es eje[8] aquí bajo la tarde,
Que es mía, de mi amor, de esta mirada
Tan fiel a lo inmediato así infinito.

Sin reverberación sobre las olas,
El mar me tiende el lomo
De una cabalgadura infatigable.[9]
Esta luz —que me dora los relieves
De los montes, aquellas tapias[10] blancas,
Esos follajes cerca de las peñas,[11]
Del rumor marino—
Esta luz me propone las entradas
A inextinguibles minas.

III

Tierra, tarea eterna.
Terrícola[12] entre límites,
Bien los conozco. Prohibido el orbe.
Heme aquí por[13] mi campo laborable,
Por atmósfera y mar también con surcos.[14]
¡Fatal presencia! Quiero mi destino,
Arraigado a través de estas raíces:
Mis huesos de animal,
Sólo en esta morada,[15]
Nuestra de polo a polo,
De minuto a minuto.

6. **grosor:** thickness.   7. **Rebulle:** It stirs.   8. **eje:** axis.   9. **lomo...infatigable:** the poet is describing the sea as having the back of an untiring horse.   10. **tapias:** walls. 11. **peñas:** mountain tops.   12. **Terrícola:** inhabitant of earth.   13. **Heme aquí por:** Here I am on.   14. **surcos:** furrows.   15. **morada:** dwelling.

Mi tiempo va a su fin, ay, necesario
Para dar su perfil[16] a mi figura.
No habré de convertirme en propio monstruo
Con senectud de siglos.
Este cuerpo en su tiempo,
Mi espíritu en su forma,
Y todo indivisible en una llama,
Yo, que se apagará.
¿O habrá algo errante donde seré entonces
Pura evaporación de mi yo antiguo,
Vibrando sin materia?
Yo sólo sé de mi unidad efímera.

IV

Mi vida es este mar, estas montañas,
La arena dura junto al oleaje,
Mi amor y mi labor,
Hijos, amigos, libros,
El afán que comparto a cada hora
Con el otro, lo otro, compañía
Gozosa y dolorosa.

¿Un espectro sin tiempo ni esqueleto
Sería el sucesor
De un ser indivisible del contorno?

Llego hasta mis fronteras.
Bien inscrito, me colman.[17]
Yo no sé saber más.
Bien se esconden los últimos enigmas,
Misterios para siempre,
Más allá de esta luz que así, dorada
Tarde, me entrega un mundo irresistible
Con su verdad fugaz,

16. perfil: profile.   17. me colman: fulfill me.

Acorde a mi destino,
Sin bruma ante mis ojos
Desde este mirador[18] de trasparencia.
Mar con su playa y cielo en mi sosiego.

18. **mirador:** lookout; observatory.

CUESTIONARIO

1. Describa el estado de ánimo del poeta mientras contempla el paisaje y la tarde.

2. ¿Cuál es la actitud del poeta hacia las exploraciones extraterrestres?

3. ¿Está satisfecho con su destino de terrícola?

4. ¿Qué cosas constituyen la felicidad del poeta?

5. ¿Qué significa el título del poema?

6. ¿Es Guillén un poeta metafísico? Explique su opinión.

JORGE LUIS BORGES

ARGENTINA, 1899

The fame of a magician who, out of words, creates infinite labyrinths through which only specialists can make their way safely, has distorted the fact that Jorge Luis Borges is also the author of poems and stories that are accessible to the most untutored reader. One example is "El muerto." Set on the frontier between Uruguay and Brazil, in the late 1890s, it is a Latin American Western about a young man who tries to replace and eventually eliminate an old gaucho chieftain. (The story was recently made into a movie in Argentina.) But, as every reader of Borges knows, there is more to that simple tale than meets the eye.

Borges was born in Buenos Aires and grew up in Argentina until the age of fourteen. On the eve of the First World War his family moved to Switzerland and lived there for the duration of the war. In Switzerland, Borges received a French education that handsomely complemented the English training he had received at the hands of his British grandmother and governess. When he began writing steadily in his late teens, he had a command not only of Spanish but of English, French, Latin, and German (which he taught himself with the help of a dictionary and a German translation of Walt Whitman [1819–92]). His first works were essays and poems. Only very reluctantly did he try his hand at narrative, first in short, almost imaginary, biographies (*Evaristo Carriego*, 1930; *Historia universal de la infamia*, 1935), later in fantastic stories that made him famous throughout the world: *Ficciones* (1944), *El Aleph* (1949), *El hacedor* (1960), *El informe de Brodie* (1970), *El libro de arena* (1970).

Borges invented an infinite library, an imaginary planet and its

134

ambiguous encyclopedia, a man who could remember everything, a second who was immune to fire, and a third who lived forever. But no matter how fantastic his plot or characters were, more astonishing was the narrative itself. Some were disguised as biographies of real people (but he altered and doctored the facts until they became fiction too); some were presented as book reviews of nonexistent books or as false memoirs of writers invented out of cannibalizing other writers' life and works. Exploding the conventions of the genre, Borges parodied scholarship and fiction and ended up by creating a totally new genre: the story in essay form.

"El muerto" does not seem to belong to the fantastic genre. Nothing is supernatural in this tale, except (perhaps) the destiny of the protagonist. His single-minded decision to displace and eliminate the gaucho chieftain can be seen as an allegory of the Oedipal conflict. But in telling the story, Borges has woven a careful tapestry of literary and personal allusions. If the chieftain, Bandeira, is named after a Borges ancestor, he is also modeled on a character invented by G. K. Chesterton: the sinister and godlike Sunday of *The Man Who Was Thursday* (1908). The relationship between the young ambitious Otálora and the chieftain is based on the relationship between the protagonist and the old *gaucho* in Ricardo Güiraldes' popular 1926 novel, *Don Segundo Sombra*. But here the relationship has been inverted: the young man has patricidal intentions but, as the reader will discover, he is no match for the original Oedipus. The story is extremely successful precisely because it is not necessary to discover all these layers of meaning to enjoy it. It can (and must) be read just for the fun of it.

EL MUERTO

Que un hombre del suburbio[1] de Buenos Aires, que un triste compadrito[2] sin más virtud que la infatuación del coraje, se interne en los desiertos ecuestres[3] de la frontera del Brasil y llegue a capitán de contrabandistas, parece de antemano imposible. A quienes lo entienden así, quiero contarles el destino de Benjamín Otálora, de quien acaso no perdura un recuerdo en el barrio de Balvanera y que murió en su ley,[4] de un balazo,[5] en los confines[6] de Río Grande do Sul. Ignoro los detalles de su aventura; cuando me sean revelados, he de rectificar y ampliar estas páginas. Por ahora, este resumen puede ser útil.

Benjamín Otálora cuenta, hacia 1891, diecinueve años. Es un mocetón[7] de frente mezquina,[8] de sinceros ojos claros, de reciedumbre vasca; una puñalada feliz[9] le ha revelado que es un hombre valiente; no lo inquieta la muerte de su contrario, tampoco la inmediata necesidad de huir de la República. El caudillo de la parroquia[10] le da una carta para un tal Azevedo Bandeira, del Uruguay. Otálora se embarca, la travesía es tormentosa y crujiente;[11] al otro día, vaga por las calles de Montevideo, con inconfesada y tal vez ignorada tristeza. No da con Azevedo Bandeira; hacia la medianoche, en un almacén[12] del Paso del Molino, asiste a un altercado[13] entre unos troperos.[14] Un cuchillo relumbra; Otálora no sabe de qué lado está la razón, pero lo atrae el puro sabor del peligro, como a otros la baraja o la música. Para, en el entrevero,[15] una puñalada baja que un peón[16] le tira a un hombre de galera[17] oscura y de poncho. Éste, después, resulta ser Azevedo Bandeira (Otálora, al saberlo, rompe la carta, porque prefiere debérselo todo a sí mismo.) Azevedo Bandeira da, aunque fornido, la injustificable impresión de ser contrahecho; en su rostro, siempre demasiado cercano, están el judío, el negro y el indio; en su empaque,[18] el mono y el tigre;

---

1. **suburbio:** slums on the outskirts.   2. **compadrito:** hoodlum.   3. **se interne... ecuestres:** finds his way into the empty horse country.   4. **en su ley:** appropriate to.   5. **balazo:** bullet shot.   6. **los confines:** the border.   7. **mocetón:** strapping young man.   8. **frente mezquina:** low forehead.   9. **puñalada feliz:** lucky blow with a knife.   10. **parroquia:** district.   11. **crujiente:** creaking.   12. **almacén:** small saloon.   13. **altercado:** argument, brawl.   14. **troperos:** cattle drovers.   15. **Para... entrevero:** He stops, in the confusion.   16. **peón:** farmhand, gaucho.   17. **galera:** derby, bowler hat.   18. **empaque:** bearing.

la cicatriz que le atraviesa la cara es un adorno más, como el negro bigote cerdoso.

Proyección o error del alcohol, el altercado cesa con la misma rapidez con que se produjo. Otálora bebe con los troperos y luego los acompaña a una farra[19] y luego a un caserón[20] en la Ciudad Vieja,[21] ya con el sol bien alto. En el último patio, que es de tierra, los hombres tienden su recado[22] para dormir. Oscuramente, Otálora compara esa noche con la anterior; ahora ya pisa tierra firme, entre amigos. Lo inquieta algún remordimiento, eso sí, de no extrañar a Buenos Aires. Duerme hasta la oración,[23] cuando lo despierta el paisano que agredió,[24] borracho, a Bandeira. (Otálora recuerda que ese hombre ha compartido con los otros la noche de tumulto y de júbilo y que Bandeira lo sentó a su derecha y lo obligó a seguir bebiendo.) El hombre le dice que el patrón lo manda buscar. En una suerte de escritorio que da al zaguán (Otálora nunca ha visto un zaguán[25] con puertas laterales) está esperándolo Azevedo Bandeira, con una clara y desdeñosa mujer de pelo colorado. Bandeira lo pondera, le ofrece una copa de caña, le repite que le está pareciendo un hombre animoso, le propone ir al Norte con los demás a traer una tropa. Otálora acepta; hacia la madrugada están en camino, rumbo a Tacuarembó.[26]

Empieza entonces para Otálora una vida distinta, una vida de vastos amaneceres y de jornada que tienen el olor del caballo. Esa vida es nueva para él, y a veces atroz, pero ya está en su sangre, porque lo mismo que los hombres de otras naciones veneran y presienten el mar, así nosotros (también el hombre que entreteje[27] estos símbolos) ansiamos la llanura inagotable que resuena bajo los cascos.[28] Otálora se ha criado en los barrios del carrero[29] y del cuarteador;[30] antes de un año se hace gaucho. Aprende a jinetear,[31] a entropillar la hacienda,[32] a carnear,[33] a manejar el lazo que sujeta y las boleadoras que tumban,[34] a resistir el sueño, las tormentas, las heladas y el sol, a arrear[35] con el silbido y el grito. Sólo una vez, durante ese tiempo de aprendizaje, ve a Azevedo Bandeira, pero lo tiene muy presente, porque ser *hombre de*

19. **farra:** orgy, late-night party. 20. **caserón:** big old house. 21. **Ciudad Vieja:** Old part of town; that is, downtown Montevideo. 22. **recado:** sheepskin saddle blanket. 23. **la oración:** prayer time. 24. **agredió:** attacked. 25. **zaguán:** entranceway. 26. **Tacuarembó:** Department of Northern Uruguay on the Brazilian border. 27. **entreteje:** weaves. 28. **cascos:** hooves. 29. **carrero:** cart driver. 30. **cuarteador:** teamster. 31. **jinetear:** ride a horse. 32. **entropillar la hacienda:** round up cattle. 33. **carnear:** slaughter cattle. 34. **boleadoras que tumban:** throw *bolas*, which bring the cattle down. 35. **arrear:** drive a herd.

Bandeira es ser considerado y temido, y porque, ante cualquier hombrada,[36] los gauchos dicen que Bandeira lo hace mejor. Alguien opina que Bandeira nació del otro lado del Cuareim,[37] en Rio Grande do Sul; eso, que debería rebajarlo, oscuramente lo enriquece de selvas populosas, de ciénagas, de inextricables y casi infinitas distancias. Gradualmente, Otálora entiende que los negocios de Bandeira son múltiples y que el principal es el contrabando.[38] Ser tropero es ser un sirviente; Otálora se propone ascender a contrabandista. Dos de los compañeros, una noche, cruzarán la frontera para volver con unas partidas de caña;[39] Otálora provoca a uno de ellos, lo hiere y toma su lugar. Lo mueve la ambición y también una oscura fidelidad. *Que el hombre* (piensa) *acabe por entender que yo valgo más que todos sus orientales*[40] *juntos.*

Otro año pasa antes que Otálora regrese a Montevideo. Recorren las orillas, la ciudad (que a Otálora le parece muy grande); llegan a casa del patrón; los hombres tienden los recados en el último patio. Pasan los días y Otálora no ha visto a Bandeira. Dicen, con temor, que está enfermo; un moreno suele subir a su dormitorio con la caldera[41] y con el mate.[42] Una tarde, le encomiendan a Otálora esa tarea. Éste se siente vagamente humillado, pero satisfecho también.

El dormitorio es desmantelado[43] y oscuro. Hay un balcón que mira al poniente, hay una larga mesa con un resplandeciente desorden de taleros,[44] de arreadores,[45] de cintos,[46] de armas de fuego y de armas blancas,[47] hay un remoto espejo que tiene la luna empañada.[48] Bandeira yace boca arriba; sueña y se queja; una vehemencia de sol último lo define. El vasto lecho blanco parece disminuirlo y oscurecerlo; Otálora nota las canas, la fatiga, la flojedad, las grietas de los años. Lo subleva que[49] los esté mandando ese viejo. Piensa que un golpe bastaría para dar cuenta de él. En eso, ve en el espejo que alguien ha entrado. Es la mujer de pelo rojo; está a medio vestir y descalza y lo observa con fría curiosidad. Bandeira se incorpora; mientras habla de cosas de la campaña y despacha mate tras mate, sus dedos juegan con las trenzas de la mujer. Al fin, le da licencia a Otálora para irse.

Días después, les llega la orden de ir al Norte. Arriban a una estancia

---

36. hombrada: manly feat. **37. el Cuareim:** river separating Uruguay from Rio Grande do Sul in Brazil. **38. contrabando:** smuggling. **39. partidas de caña:** consignment of rum. **40. orientales:** Uruguayans. **41. caldera:** kettle. **42. mate:** bitter herbal tea that gauchos drink. **43. desmantelado:** *. **44. taleros:** riding crops. **45. arreadores:** bullwhips. **46. cintos:** belts. **47. armas blancas:** knives. **48. luna empañada:** faded glass. **49. Lo subleva que:** It angers him.

perdida, que está como en cualquier lugar de la interminable llanura. Ni árboles ni un arroyo la alegran, el primer sol y el último la golpean. Hay corrales de piedra para la hacienda, que es guampuda[50] y menesterosa.[51] *El Suspiro* se llama ese pobre establecimiento.

Otálora oye en rueda de peones que Bandeira no tardará en llegar de Montevideo. Pregunta por qué; alguien aclara que hay un forastero agauchao[52] que está queriendo mandar demasiado. Otálora comprende que es una broma, pero le halaga que esa broma ya sea posible. Averigua, después, que Bandeira se ha enemistado con uno de los jefes políticos y que éste le ha retirado su apoyo. Le gusta esa noticia.

Llegan cajones de armas largas; llegan una jarra y una palangana de plata para el aposento de la mujer; llegan cortinas de intrincado damasco; llega de las cuchillas,[53] una mañana, un jinete sombrío, de barba cerrada y de poncho. Se llama Ulpiano Suárez y es el *capanga* o guardaespaldas de Azevedo Bandeira. Habla muy poco y de una manera abrasilerada.[54] Otálora no sabe si atribuir su reserva a hostilidad, a desdén o a mera barbarie. Sabe, eso sí, que para el plan que está maquinando tiene que ganar su amistad.

Entra después en el destino de Benjamín Otálora un colorado cabos negros[55] que trae del sur Azevedo Bandeira y que luce apero chapeado y carona[56] con bordes de piel de tigre. Ese caballo liberal[57] es un símbolo de la autoridad del patrón y por eso lo codicia el muchacho, que llega también a desear, con deseo rencoroso, a la mujer de pelo resplandeciente. La mujer, el apero y el colorado son atributos o adjetivos de un hombre que él aspira a destruir.

Aquí la historia se complica y se ahonda. Azevedo Bandeira es diestro en el arte de la intimidación progresiva, en la satánica maniobra de humillar al interlocutor gradualmente, combinando veras y burlas;[58] Otálora resuelve aplicar ese método ambiguo a la dura tarea que se propone. Resuelve suplantar, lentamente, a Azevedo Bandeira. Logra, en jornadas de peligro común, la amistad de Suárez. Le confía su plan; Suárez le promete su ayuda. Muchas cosas van aconteciendo después, de

---

50. **guampuda:** longhorn. 51. **menesterosa:** needy, lean. 52. **agauchao:** outsider turned gaucho, spoken form of *agauchado*. 53. **las cuchillas:** small mountain ridges. 54. **una...abrasilerada:** a thick Brazilian accent. 55. **un...negros:** a black-legged bay horse. 56. **apero...carona:** silver-trimmed saddle and saddle blanket. 57. **caballo liberal:** hard-working horse; a political allusion, the horse is red (*colorado*), the color of Uruguay's nineteenth-century liberal party. 58. **veras y burlas:** sincerity and mockery.

las que sé unas pocas. Otálora no obedece a Bandeira; da en olvidar, en corregir, en invertir sus órdenes. El universo parece conspirar con él y apresura los hechos. Un mediodía, ocurre en campos de Tacuarembó un tiroteo[59] con gente ríograndense; Otálora usurpa el lugar de Bandeira y manda a los orientales. Le atraviesa el hombro una bala, pero esa tarde Otálora regresa al *Suspiro* en el colorado del jefe y esa tarde unas gotas de su sangre manchan la piel de tigre y esa noche duerme con la mujer de pelo reluciente. Otras versiones cambian el orden de estos hechos y niegan que hayan ocurrido en un solo día.

Bandeira, sin embargo, siempre es nominalmente el jefe. Da órdenes que no se ejecutan; Benjamín Otálora no lo toca, por una mezcla de rutina y de lástima.

La última escena de la historia corresponde a la agitación de la última noche de 1894. Esa noche, los hombres del *Suspiro* comen carne recién matada y beben un alcohol pendenciero;[60] alguien infinitamente rasguea una trabajosa milonga.[61] En la cabecera de la mesa, Otálora, borracho, erige exultación[62] sobre exultación, júbilo sobre júbilo; esa torre de vértigos es un símbolo de su irresistible destino. Bandeira, taciturno entre los que gritan, deja que fluya clamorosa la noche. Cuando las doce campanadas resuenan, se levanta como quien recuerda una obligación. Se levanta y golpea con suavidad a la puerta de la mujer. Ésta le abre en seguida, como si esperara el llamado. Sale a medio vestir y descalza. Con una voz que se afemina y se arrastra, el jefe le ordena:

—Ya que vos[63] y el porteño[64] se quieren tanto, ahora mismo le vas a dar un beso a vista de todos.

Agrega una circunstancia brutal. La mujer quiere resistir, pero dos hombres la han tomado del brazo y la echan sobre Otálora. Arrasada en lágrimas,[65] le besa la cara y el pecho. Ulpiano Suárez ha empuñado el revólver. Otálora comprende, antes de morir, que desde el principio lo han traicionado, que ha sido condenado a muerte, que le han permitido el amor, el mando y el triunfo, porque ya lo daban por muerto,[66] porque para Bandeira ya estaba muerto.

Suárez, casi con desdén, hace fuego.[67]

---

59. tiroteo: shoot-out.   **60. pendenciero:** that makes people quarrelsome.   **61. rasguea…milonga:** strums on the guitar a difficult *milonga*. The *milonga*, like the *tango*, is typical Argentine music.   **62. erige exultación:** boasts excessively.   **63. vos:** you, familiar form used in Argentina and Uruguay.   **64. porteño:** citizen of Buenos Aires.   **65. Arrasada en lágrimas:** flooded with tears.   **66. lo…muerto:** they took him for a dead man.   **67. hace fuego:** fires.

CUESTIONARIO

1. ¿Por qué le parece imposible al narrador que un "compadrito" de Buenos Aires llegue a capitán de contrabandistas entre los gauchos uruguayos?

2. ¿El narrador nos cuenta todos los detalles de la aventura o sólo un resumen? ¿Este hecho corresponde a algún principio estético de Borges?

3. Describa a Benjamín Otálora y cuente sus aventuras hasta llegar a conocer a Azevedo Bandeira.

4. ¿Por qué Otálora rompe la carta de presentación?

5. ¿Cuál remordimiento le inquieta?

6. Describa la vida distinta que empieza para Otálora cn cl Uruguay.

7. ¿Ve Otálora mucho al caudillo Azevedo Bandeira durante ese tiempo de aprendizaje?

8. ¿Cuál es el negocio principal de Bandeira?

9. ¿Cuáles son los sentimientos conflictivos que mueven a Otálora?

10. ¿Qué cosas observa Otálora cuando sube al dormitorio de Bandeira para traerle la caldera y el mate? Describa la escena.

11. ¿Qué cambios ocurren en la vida de Otálora? O mejor, ¿qué cosas modifican su destino?

12. ¿Cuál es la ambición principal de Otálora?

13. ¿Tiene éxito Otálora?

14. ¿Qué pasa al final del cuento? ¿Qué revela este final sobre la naturaleza del destino de todo ser humano?

MIGUEL ÁNGEL ASTURIAS

GUATEMALA, 1899–1974

Miguel Angel Asturias discovered the Mayan monuments of his native Guatemala while visiting the British Museum in London, and in a class at the Sorbonne in Paris he learned about the first books written by his Indian ancestors. But his first and most important novel, *El señor Presidente* (1946), was prompted by very contemporary experiences: the dictatorship of Estrada Cabrera, which forced Asturias into exile in 1923 and into his discovery of the Indian past.

Before Asturias learned how to manipulate a long complex narrative, he had attempted to concentrate in one short story the picaresque horrors of his native town. "En el Portal del Señor," is now the first chapter of his novel, but it was originally an independent tale. It tells with concentrated violence of the plight of a beggar, El Pelele (the Puppet), who is persecuted by his fellow sufferers and by the police with practical jokes and scorn until he reacts wildly. The general picaresque atmosphere (reminiscent of Francisco Goya and Luis Buñuel*) is only the setting for a subtle criticism of the reign of terror that the dictator and his henchmen had established in Guatemala. Thus the story unexpectedly takes a political turn. The murder of the colonel starts a chain reaction of political violence because no one can believe the colonel was killed accidentally. There are no accidents in a dictatorship.

Asturias was a rare combination of a socialist writer who could also attend Mass regularly as a devout Catholic and perform the duties of ambassador to France for his country's government, a typically semidemocratic Central American regime. How, in his conscience, he managed to serve so many masters is a matter perhaps for his biographer or his father confessor to explain. From a literary point of view, his unusual combination of allegiances led Asturias to produce a series of narratives, both in novel and short-story form, which alternate accusations against American imperialism with the exaltation of socialism. Of these books, the best is *Hombres de maíz* (1949), in which Asturias retells some old Mayan myths but sets them firmly in contemporary Guatemala. His wide range of interests and the fact that his books were translated into English, French, and Italian helped him to win, in 1967, the Nobel Prize for Literature, the second to be awarded to a Latin American.

EN EL PORTAL DEL SEÑOR[1]

Alumbra, lumbre de alumbre, Luzbel de piedralumbre![2] Como zumbido de oídos[3] persistía el rumor de las campanas a la oración, maldoblestar[4] de la luz en la sombra, de la sombra en la luz. ¡Alumbra, lumbre de alumbre, Luzbel de piedralumbre, sobre la podredumbre![5] ¡Alumbre, lumbre de alumbre, sobre la podredumbre, Luzbel de piedralumbre! Alumbra, alumbra, lumbre de alumbre..., alumbre..., alumbra..., alumbra, lumbre de alumbre..., alumbra, alumbre...

Los pordioseros[6] se arrastraban por las cocinas del mercado, perdidos en la sombra de la Catedral helada, de paso hacia la Plaza de Armas, a lo largo de calles tan anchas como mares, en la ciudad que se iba quedando atrás íngrima[7] y sola.

La noche los reunía al mismo tiempo que a las estrellas. Se juntaban a dormir en el Portal del Señor sin más lazo común[8] que la miseria, maldiciendo unos de otros, insultándose a regañadientes con tirria de enemigos que se buscan pleito,[9] riñendo muchas veces a codazos[10] y algunas con tierra y todo, revolcones[11] en los que tras escupirse, robiosos, se mordían. Ni almohada ni confianza halló jamás esta familia de parientes del basurero.[12] Se acostaban separados, sin desvestirse, y dormían como ladrones, con la cabeza en el costal[13] de sus riquezas: desperdicios[14] de carne, zapatos rotos, cabos de candela,[15] puños de arroz cocido envueltos en periódicos viejos naranjas y guineos[16] pasados.

En las gradas[17] del Portal se les veía vueltos a la pared, contar el dinero, morder las monedas de níquel para saber si eran falsas, hablar a solas, pasar revista a las provisiones de boca y de guerra,[18] que de guerra andaban en la calle armados de piedras y escapularios,[19] y engullirse a

---

1. **Portal del Señor:** Porch of Our Lord. 2. **Alumbra...piedralumbre:** Light up, alum-light, Lucifer of stony light! Here the author is playing with words. 3. **zumbido de oídos:** humming in the ears. 4. **maldoblestar:** a *wordplay* combining malestar (uneasiness), *doble* (double), and *mandoble* (severe blow); thus, an uneasy double striking (from light to dark, from dark to light). 5. **podredumbre:** decay. 6. **pordioseros:** beggars. 7. **íngrima:** deserted. 8. **lazo común:** common bond. 9. **insultándose...pleito:** calling each other names and jostling each other, picking quarrels with old enemies. 10. **a codazos:** elbowing each other. 11. **revolcones:** rolling on the ground. 12. **basurero:** garbage man. 13. **costal:** sack. 14. **desperdicios:** refuse. 15. **candela:** candle. 16. **guineos:** bananas. 17. **gradas:** steps. 18. **pasar...guerra:** to take stock of the food and war supplies. 19. **escapularios:** *

escondidas cachos de pan en seco.[20] Nunca se supo que se socorrieran entre ellos;[21] avaros de sus desperdicios, como todo mendigo, preferían darlos a los perros antes que a sus compañeros de infortunio.

Comidos[22] y con el dinero bajo siete nudos en un pañuelo atado al ombligo, se tiraban al suelo y caían en sueños agitados, tristes; pesadillas por las que veían desfilar cerca de sus ojos cerdos con hambre, mujeres flacas, perros quebrados, ruedas de carruajes[23] y fantasmas de Padres que entraban a la Catedral en orden de sepultura, precedidos por una tenia de luna crucificada en tibias heladas.[24] A veces, en lo mejor del sueño, les despertaban los gritos de un idiota que se sentía perdido en la Plaza de Armas. A veces, el sollozar de una ciega que se soñaba cubierta de moscas, colgando de un clavo, como la carne en las carnicerías. A veces, los pasos de una patrulla[25] que a golpes arrastraba a un prisionero político, seguido de mujeres que limpiaban las huellas de sangre con los pañuelos empapados[26] en llanto. A veces, los ronquidos de un valetudinario tiñoso[27] o la respiración de una sordomuda encinta[28] que lloraba de miedo porque sentía un hijo en las entrañas. Pero el grito del idiota era el más triste. Partía el cielo. Era un grito largo, sonsacado,[29] sin acento humano.

Los domingos caía en medio de aquella sociedad extraña un borracho que, dormido, reclamaba a su madre llorando como un niño. Al oír el idiota la palabra madre, que en boca del borracho era imprecación a la vez que lamento, se incorporaba, volvía a mirar a todos lados de punta a punta del Portal, enfrente, y tras despertarse bien y despertar a los compañeros con sus gritos, lloraba de miedo, juntando su llanto al del borracho.

Ladraban perros, se oían voces, y los más retobados[30] se alzaban del suelo a engordar el escándalo para que se callara.[31] Que se callara o que viniera la Policía. Pero la Policía no se acercaba ni por gusto. Ninguno de ellos tenía para pagar la multa.[32] "¡Viva Francia!", gritaba *Patahueca*[33] en medio de los gritos y los saltos del idiota, que acabó siendo

---

20. **engullirse...en seco:** stuffing themselves secretly on crusts of dry bread. 21. **Nunca... entre ellos:** They had never been know to help each other. 22. **Comidos:** Having eaten. 23. **carruajes:** carriages. 24. **tenia...heladas:** tapeworm-shaped sliver of moon carried on a cross made of frozen shin bones. 25. **patrulla:** army patrol. 26. **empapados:** soaked. 27. **valetudinario tiñoso:** scabby valetudinarian. 28. **sordomuda encinta:** pregnant deaf-mute. 29. **sonsacado:** long, drawn-out. 30. **retobados:** irritable, unruly. 31. **engordar...callara:** to increase the hubbub by calling for silence. 32. **multa:** fine. 33. *Patahueca:* (*nickname*) "Wooden Leg."

el hazmerreír[34] de los mendigos de aquel cojo bribón y mal hablado[35] que, entre semana, algunas noches remedaba[36] al borracho. *Patahueca* remedaba al borracho y el *Pelele*[37]—así apodaban[38] al idiota—, que dormido daba la impresión de estar muerto, revivía a cada grito sin fijarse en los bultos arrebujados[39] por el suelo en pedazos de manta, que al verle medio loco, rifaban palabritas de mal gusto y risas chillonas.[40] Con los ojos lejos de las caras monstruosas de sus compañeros, sin ver nada, sin oír nada, sin sentir nada, fatigado por el llanto, se quedaba dormido; pero al dormirse, carretilla de todas las noches,[41] la voz de *Patahueca* le despertaba:

—¡Madre!...

El *Pelele* abría los ojos de repente, como el que sueña que rueda en el vacío; dilataba las pupilas más y más, encogiéndose todo él, entraña herida cuando le empezaban a correr las lágrimas; luego se dormía poco a poco, vencido por el sueño, el cuerpo casi engrudo,[42] con eco de bascas[43] en la conciencia rota. Pero al dormirse, al no más dormirse, la voz de otra prenda con boca[44] le despertaba:

—¡Madre!...

Era la voz de el *Viuda*, mulato degenerado[45] que, entre risa y risa, con pucheros de vieja,[46] continuaba:

—...madre de misericordia, esperanza nuestra, Dios te salve, a ti llamamos los desterrados que caímos de leva...[47]

El idiota se despertaba riendo, parecía que a él también le daba risa su pena, hambre, corazón y lágrimas saltándose en los dientes, mientras los pordioseros arrebataban[48] del aire la car-car-car-car-carcajada,[49] del aire, del aire... la car-car-car-car-carcajada...; perdía el aliento un timbón con los bigotes sucios de revolcado,[50] y de la risa se orinaba un tuerto[51] que daba cabezazos de chivo[52] en la pared, y protestaban los ciegos porque no se podía dormir con tanta bulla,[53] y el *Mosco*, un ciego al que le faltaban las dos piernas, porque esa manera de divertirse era de amujerados.[54]

---

34. hazmerreír: laughingstock. **35. cojo...hablado:** scoundrelly, foul-mouthed cripple. **36. remedaba:** mimicked. **37. *Pelele*:** (*nickname*) puppet, nincompoop. **38. apodaban:** nicknamed. **39. arrebujados:** huddled. **40. rifaban...chillonas:** jeered and cackled shrilly. **41. carretilla...noches:** the same as every night. **42. engrudo:** thick like glue. **43. bascas:** nausea. **44. prenda...boca:** bundle with a mouth; that is, a person looking like that. **45. degenerado:** pervert. **46. pucheros de vieja:** snivelling like an old woman. **47. desterrados...leva:** us exiles who have been pressed into service; that is, who are poor down-and-out idiots. **48. arrebataban:** snatched. **49. carcajada:** laughter. **50. timbón...revolcado:** fat man with his moustache dripping with stew. **51. tuerto:** one-eyed man. **52. daba...chivo:** beat his head like a goat. **53. bulla:** noise. **54. amujerados:** (*slang*) pansies.

A los ciegos los oían como oír barrer[55] y al *Mosco* ni siquiera lo oían. ¡Quién iba a hacer caso de sus fanfarronadas![56] "¡Yo, que pasé la infancia en un cuartel[57] de artillería, "onde"[58] las patadas de las mulas y de los jefes me hicieron hombre con oficio de caballo, lo que me sirvió de joven para "jalar" por las calles la música de carreta![59] ¡Yo, que perdí los ojos en una borrachera sin saber cómo, la pierna derecha en otra borrachera[60] sin saber cuándo, y la otra en otra borrachera, víctima de un automóvil, sin saber "ónde"!...

Contado por los mendigos, se regó[61] entre la gente del pueblo que el *Pelele* se enloquecía al oír hablar de su madre. Calles, plazas, atrios[62] y mercados recorría el infeliz en su afán de escapar al populacho[63] que por aquí, que por allá, le gritaba a todas horas, como maldición del cielo, la palabra madre. Entraba a las casas en busca de asilo, pero de las casas le sacaban los perros o los criados. Lo echaban de los templos, de las tiendas, de todas partes, sin atender a su fatiga de bestia ni a sus ojos, que, a pesar de su inconsciencia, suplicaban perdón con la mirada.

La ciudad, grande, inmensamente grande para su fatiga, se fue haciendo pequeña para su congoja.[64] A noches de espanto siguieron días de persecución, acosado[65] por las gentes que, no contentas con gritarle: "*Pelelito*, el domingo te "asás"[66] con tu madre..., la vieja..., somato..., chicharrón y chaleco!",[67] le golpeaban y arrancaban las ropas a pedazos. Seguido de chiquillos, se refugiaba en los barrios pobres, pero allí su suerte era más dura; allí, donde todos andaban a las puertas de la miseria, no sólo lo insultaban, sino que, al verlo correr despavorido,[68] le arrojaban piedras, ratas muertas y latas[69] vacías.

De uno de esos barrios subió hacia el Portal del Señor un día como hoy a la oración, herido en la frente, sin sombrero, arrastrando la cola de un barrilete que de remeda remiendo le prendieron por detrás.[70] Lo asustaban las sombras de los muros, los pasos de los perros, las hojas que caían de los árboles, el rodar desigual[71] de los vehículos... Cuando llegó al Portal, casi de noche, los mendigos, vueltos a la pared, contaban

---

55. como...barrer: literally, as if hearing someone sweeping; that is, not paying any attention. **56. fanfarronadas:** boastings. **57. cuartel:** barracks. **58. onde:** (*colloquial*) *donde:* where. **59. patadas...carreta:** the mules and officers kicked me into shape and made a man of me—a man who could work like a horse, which was useful when I had to pull a barrel-organ through the streets! **60. borrachera:** drunken spree. **61. se regó:** it was rumored. **62. atrios:** church entrance halls. **63. populacho:** people. **64. congoja:** despair. **65. acosado:** persecuted. **66. "asás":** marry, in the sense of shack-up. **67. somato...,chicharrón y chaleco:** taunting, nonsense words; literally, burnt to crisp and with a vest on. **68. despavorido:** in terror. **69. latas:** tin cans. **70. arrastrando...detrás:** trailing the tail of a kite that had been fastened to him as a joke. **71. rodar desigual:** irregular rumbling or rolling.

recant

y recontaban sus ganancias. *Patahueca* la tenía con el *Mosco* por alegar;[72] la sordomuda se sobaba el vientre para ella inexplicablemente crecido,[73] y la ciega se mercía en sueños colgada de un clavo, cubierta de moscas, como la carne en las carnicerías.

El idiota cayó medio muerto; llevaba noches y noches de no pegar los ojos, días y días de no asentar[74] los pies. Los mendigos callaban y se rascaban las pulgas[75] sin poder dormir, atentos a los pasos de los gendarmes[76] que iban y venían por la plaza poco alumbrada y a los golpecitos de las armas de los centinelas,[77] fantasmas envueltos en ponchos a rayas, que en las ventanas de los cuarteles vecinos velaban en pie de guerra, como todas las noches, al cuidado del Presidente de la República, cuyo domicilio se ignoraba porque habitaba en las afueras de la ciudad muchas casas a la vez; cómo dormía, porque se contaba que al lado de un teléfono con un látigo en la mano, y a qué hora, porque sus amigos aseguraban que no dormía nunca.

Por el Portal del Señor avanzó un bulto. Los pordioseros se encogieron como gusanos.[78] Al rechino[79] de las botas militares respondía el graznido[80] de un pájaro siniestro en la noche oscura, navegable, sin fondo...

Patahueca peló los ojos; en el aire pesaba la amenaza del fin del mundo, y dijo a la lechuza:[81]

—¡Hualí, hualí, "tomá" tu sal y tu chile...; no te tengo mal ni dita y por si acaso, maldita![82]

El *Mosco* se buscaba la cara con los gestos. Dolía la atmósfera como cuando va a temblar.[83] El *Viuda* hacía la cruz entre los ciegos. Sólo el *Pelele* dormía a pierna suelta,[84] de una vez, roncando.

El bulto se detuvo—la risa le entorchaba la cara—, acercándose al idiota de puntepié[85] y, en son de broma,[86] le gritó:

—¡Madre!

No dijo más. Arrancado del suelo por el grito, el *Pelele* se le fue encima[87] y, sin darle tiempo a que hiciera uso de sus armas, le enterró

---

72. **la...alegar:** was quarreling with *Mosco*. 73. **se sobaba...crecido:** was rubbing her inexplicably swollen belly. 74. **asentar:** rest. 75. **pulgas:** lice. 76. **gendarmes:** (*Galicism*) police. 77. **centinelas:** sentinels. 78. **gusanos:** worms. 79. **rechino:** creak. 80. **graznido:** hoot. 81. **lechuza:** owl. 82. **¡Hualí...maldita!:** Hoo-hoo! Do your worst! I wish you neither good nor ill, but the devil take you all the same! 83. **va a temblar:** an earthquake is coming. 84. **dormía...suelta:** slept like a log. 85. **de puntepié:** on tiptoe. 86. **en...broma:** as a joke. 87. **se...encima:** jumped on him.

los dedos en los ojos, le hizo pedazos la nariz a dentelladas[88] y le golpeó las partes[89] con las rodillas hasta dejarlo inerte.[90]

Los mendigos cerraron los ojos horrorizados, la lechuza volvió a pasar y el *Pelele* escapó por las calles en tinieblas, enloquecido bajo la acción de espantoso paroxismo.[91]

Una fuerza ciega acababa de quitar la vida al coronel José Parrales Sonriente, alias el *Hombre de la Mulita*.[92]

Estaba amaneciendo.

88. le...dentelladas: thrust his fingers into his eyes, tore at his nose with his teeth. **89. las partes:** private parts. **90. inerte:** inert. **91. paroxismo:** paroxysm. **92. *Hombre...Mulita*:** man with the little mule.

CUESTIONARIO

1. ¿Qué es el portal del Señor?

2. ¿Quiénes se encuentran en el portal del Señor?

3. Describa a los pordioseros.

4. ¿Cómo era el grito del idiota?

5. ¿Por qué la policía no tenía interés en matener el orden entre los mendigos?

6. ¿Por qué al idiota lo llamaban el *Pelele*?

7. ¿De quién es la madre que *Patahueca* invoca?

8. ¿Qué le pasaba al *Pelele* cuando oía la palabra "madre"?

9. ¿Le parece a Ud. horrible la vida del *Pelele* y de los otros mendigos? Explique en detalle su respuesta.

10. ¿De quién es el bulto que avanza por la calle?

11. ¿Qué hace el *Pelele* al militar?

12. ¿Cuál es la reacción de los otros mendigos?

PABLO NERUDA

CHILE, 1904–1973

The epic and political poetry of his monumental *Canto general* (1950), has helped to fix an imag: of Pablo Neruda as a poet mainly concerned with the identity of Latin America, its past, present, and future. For better or for worse, Neruda has been seen in the last three decades as a man with a mandate: to denounce imperialism and defend socialism, to speak in the name of those silent, unsung, exploited workers and terrorized Indians, and give them a cause to hope for. But he was, before and after 1950, a man deeply concerned with all aspects of reality, the commonplace as well as the monumental, and it is this basic commitment to reality that matters in his best poems.

Born in southern Chile, in a rainy and cold part of the country, Neruda was determined to be a poet in spite of his father's opposition. He began by changing his less than euphonic name, Ricardo Eliecer Neftalí Reyes, to the more poetic Pablo Neruda. Before he was twenty, he had produced a volume of erotic verses, *Veinte poemas de amor y una canción desesperada* (1923), which in popularity among young lovers competed with the *Rimas* (1871), written in the heyday of romanticism by the Spaniard Gustavo Adolfo Bécquer (1836–70). A seven-year stay in the Far East helped Neruda to mature into the most anguished and desperate surrealist poet of the 1930s. His two-volume *Residencia en la tierra* (1935), changed forever the shape and sound of Hispanic poetry and helped Neruda to become the most influential poet of his generation. *Canto general* established him as a political and epic poet.

But already in *Residencia*, amidst the pain and chaos of a disturbing experience of alienation, there were poems about the basic substances ("Tres cantos materiales," dedicated to wood, wine, and celery), ironic, tender insights into the simple fabric of the world.

Around 1954, Neruda began collecting his *Odas elementales*, a series of poems dedicated to the commonplace things that make our lives possible: water and autumn, a dictionary and an onion, the woman one loves and the enemies that seem to encroach on us. "Oda al gato" belongs to this suite. Although the animal is domestic, there is no domesticity in Neruda's portrait of the cat. Making the commonplace seem new by minutely describing the cat's many features and incredible elegant movements, Neruda takes the cat out of the everyday world and restores it to the mythical level. Cats were worshiped in Egypt, and it is this supernatural dimension of the species that Neruda conveys. A poem by the master of symbolist poetry, Charles Baudelaire (1821–67), is also alluded to by Neruda. In "Les chats," Baudelaire had played with the double concept of cats as everyday witnesses of our domesticity and as mythical figures. Neruda plays with the same images and adds a fresh, irresistible humor to it. Neruda's use of both long and very short lines, in a seemingly casual fashion, hides the fact that these broken lines are really regular seven- and eleven-line verses, carefully disguised to make the reader unaware of the poet's craftsmanship.

Neruda received the Nobel Prize for Literature in 1971; he became the third Latin American and the second Chilean to receive the award.

ODA AL GATO

Los animales fueron
imperfectos,
largos de cola, tristes
de cabeza.
Poco a poco se fueron
componiendo, *(put yourselves together)*
haciéndose paisaje, *(gaining ground)*
adquiriendo lunares,[1] gracia, vuelo.
El gato,
sólo el gato
apareció completo
y orgulloso: *(pride)*
nació completamente terminado,
camina solo y sabe lo que quiere.

El hombre quiere ser pescado y pájaro,
la serpiente quisiera tener alas,
el perro es un león desorientado,
el ingeniero quiere ser poeta,
la mosca estudia para[2] golondrina,[3]
el poeta trata de imitar la mosca,
pero el gato
quiere ser sólo gato
y todo gato es gato
desde bigote a cola,
desde presentimiento a rata viva,[4]
desde la noche hasta sus ojos de oro.

No hay unidad
como él
no tiene
la luna ni la flor

---

1. **lunares:** beauty marks.   2. **estudia para:** aspires to become.   3. **golondrina:**
swallow.   4. **presentimiento...viva:** foreboding of a live rat; that is, anticipation of
catching a live rat.

tal contextura:
es una sola cosa
como el sol o el topacio,
y la elástica línea en su contorno *(outline)*
firme y sutil es como
la línea de la proa de una nave.
Sus ojos amarillos
dejaron una sola
ranura[5]
para echar las monedas de la noche.

Oh pequeño
emperador sin orbe,
conquistador sin patria,
mínimo tigre de salón, nupcial
sultán del cielo
de las tejas[6] eróticas,
el viento del amor
en la intemperie[7]
reclamas
cuando pasas
y posas
cuatro pies delicados
en el suelo,
oliendo,
desconfiando
de todo lo terrestre,
porque todo
es inmundo·
para el inmaculado pie del gato.

Oh fiera independiente
de la casa, arrogante
vestigio[8] de la noche,
perezoso, gimnástico

5. **ranura:** crack, slit. 6. **tejas:** roof tiles. 7. **intemperie:** open air. 8. **vestigio:** vestige, leftover.

y ajeno,
profundísimo gato,
policía secreta
de las habitaciones,
insignia
de un
desaparecido terciopelo,[9]
seguramente no hay
enigma
en tu manera,
tal vez no eres misterio,
todo el mundo te sabe y perteneces
al habitante menos misterioso,
tal vez todos lo creen,
todos se creen dueños,
propietarios, tíos,
de gatos, compañeros,
colegas,
discípulos o amigos
de su gato.

Yo no.
Yo no suscribo.
Yo no conozco al gato.
Todo lo sé, la vida y su archipiélago,
el mar y la ciudad incalculable,
la botánica,
el gineceo[10] con sus extravíos,[11]
el por y el menos[12] de la matemática,
los embudos[13] volcánicos del mundo,
la cáscara irreal del cocodrilo,[14]
la bondad ignorada del bombero,

---

9. **insignia...terciopelo:** badge or banner of a disappeared velvet; that is, the cat is a sample of a velvet that no longer exists.   10. **gineceo:** in ancient Greece, the women's quarters in a house.   11. **extravíos:** aberrations.   12. **el...menos:** the multiplier and the minus.   13. **embudos:** funnels.   14. **cáscara...cocodrilo:** unreal skin of the crocodile. *Cáscara,* used figuratively here, usually refers to the skin of a fruit.

el atavismo azul del sacerdote,[15]
pero no puedo descifrar un gato.
Mi razón resbaló en su indiferencia,
sus ojos tienen números de oro.[16]

15. **atavismo...sacerdote:** blue fatalism of the priest; that is, the priest tends toward the blue of the heavens. 16. **números de oro:** an allusion to the gold measurement system of Pythagoras, a Greek mathematician and philosopher (ca. 582–500 B.C.).

CUESTIONARIO

1. ¿Cuál aspecto del gato destaca más Neruda: el cotidiano o el enigmático?

2. ¿Con qué animales contrasta al gato?

3. ¿Es el gato un animal erótico para Neruda? De ejemplos de este aspecto en las imágenes del poema.

4. ¿Qué modificación introduce Neruda en la forma y en el uso de la oda?

OCTAVIO PAZ

MÉXICO, 1914

The most critically articulate of Latin America's poets, Octavio Paz is also one of its foremost essayists, a man who helped to shape our views of Mexican culture and society, of Latin American literature and reality. Born in what was then the outskirts of Mexico City, Paz started writing poetry at an early age. When he was twenty-three, he joined some of his more senior colleagues (Vicente Huidobro, César Vallejo, Pablo Neruda,* and Raúl González Tuñón) in congress held in Madrid during the Spanish Civil War, to defend culture against fascism. A mere two years later, the Second World War would start. A political poet to this day, Paz did not fall into the most obvious trap of commitment. His poetry is always addressed to the reader and not to the partisan. If political matters enter into Paz's poetry—as can be seen by the allusions to President Lyndon Johnson's invasion of the Dominican Republic in 1965—it is because politics is part of the reader's everyday experience. But Paz's first commitment is to poetry.

Even the title of his first collection of works, *Libertad bajo palabra* (1958), reveals Paz's serious attitude. Poets are on parole in this world because they are very dangerous people: they talk openly about reality. While politicians talk to win votes of endorsement, poets are condemned to endlessly exploring and describing reality—a task made more difficult by the fact that reality keeps changing while remaining the same. In his poetry, Paz seeks those moments of revelation in which elusive fragments of reality become visible.

"Viento entero," from *Ladera este* (1969), is precisely about this quest. Two themes are interwoven into its fabric: the explicitly erotic theme of the two naked women the poet makes love to (one in Paris, the other in India, or are they really one?); the explicitly political subject of a world always at war (the invasion of the Dominican Republic is contrasted with an Indian rebellion against English rule). Two spaces are also interwoven: the present of the poet's Indian experience; the past of his experiences elsewhere, especially Paris and Mexico. Time and space, then, are the metaphysical and, at the same time, concrete frameworks of the experiences Paz is describing. In the poem, a woman is still a woman, who can open up like a ripe fruit, but she is also a ravine in a landscape and the landscape itself, as in the English metaphysical poet John Donne's (1573–1631) famous image comparing his mistress to the New Found Land. Wind (the wind of the title) participates simultaneously in the moment (it has just been born) and in eternity: all winds are *the* wind. Fire is made of fire, but it is also made of its opposite, water. In Paz's poetry, as in Indian philosophy, the contraries meet and a new dimension is created out of their endless clash. Instead of the either/or that Western philosophy postulates, Paz offers the Eastern conception of the either *and* or—the simultaneous acceptance of opposites. Thus Eros and Politics coexist, fight, and are harmoniously set side by side in the lines of the poem.

The verse is free. Combinations of seven-, nine-, and eleven-syllable lines prevail. The poem (and the poet) is also free.

VIENTO ENTERO

El presente es perpetuo
Los montes son de hueso y son de nieve
Están aquí desde el principio
El viento acaba de nacer
             Sin edad
Como la luz y como el polvo
                   Molino de sonidos
El bazar tornasolea[1]
             Timbres motores radios
El trote pétreo de los asnos opacos[2]
Cantos y quejas enredados
Entre las barbas de los comerciantes
Alto fulgor a martillazos esculpido[3]
En los claros de silencio
                   Estallan
Los gritos de los niños
                   Príncipes en harapos[4]
A la orilla del río atormentado
Rezan orinan meditan
                   El presente es perpetuo
Se abren las compuertas[5] del año
                         El día salta
    Ágata
    El pájaro caído
Entre la calle Montalambert y la de Bac[6]
Es una muchacha
             Detenida
Sobre un precipicio de miradas
Si el agua es fuego
             Llama

---

1. El bazar tornasolea: the bazaar reverberates with colors. The first stanza refers to the bazaar in Kabul, Afghanistan, and to the river that runs through the city. **2. El... opacos:** The stony trot of opaque donkeys. **3. Alto...esculpido:** High brilliance sculpted by a hammer. **4. harapos:** rags. **5. compuertas:** floodgates (of a dam). **6. Montalambert...Bac:** two streets in Paris.

En el centro de la hora redonda
                              Encandilada[7]
    Potranca alazana[8]
    Un haz de chispas[9]
                    Una muchacha real
Entre las casas y las gentes espectrales
Presencia chorro[10] de evidencias
Yo vi a través de mis actos irreales
La tomé de la mano
                    Juntos atravesamos
Los cuatro espacios los tres tiempos
Pueblos errantes de reflejos
Y volvimos al día del comienzo
El presente es perpetuo
                          21 de junio
Hoy comienza el verano
                    Dos o tres pájaros
Inventan un jardín
                    Tú lees y comes un durazno[11]
Sobre la colcha[12] roja
                    Desnuda
Como el vino en el cántaro de vidrio
                    Un gran vuelo de cuervos[13]
En Santo Domingo mueren nuestros hermanos[14]
Si hubiera parque no estarían ustedes aquí[15]
                    Nosotros nos roemos los codos[16]
En los jardines de su alcázar de estío[17]
Tipú Sultán plantó el árbol de los jacobinos[18]

7. **Encandilada:** blinded by the light. 8. **Potranca alazana:** sorrel-colored filly.
9. **haz de chispas:** bunch of sparks. 10. **chorro:** stream, spurt. 11. **durazno:**
peach. 12. **colcha:** bedspread. 13. **Un gran vuelo de cuervos:** quotation from
Rubén Darío's "Canto de esperanza," from *Cantos de vida y esperanza* (1905) [From
the author's notes, to be abbreviated as "A.'s notes"]. 14. **En Santo...hermanos:**
refers to 1965, when President Johnson ordered the invasion of Santo Domingo.
15. **Si hubiera...aquí:** If we'd had ammunition, you wouldn't be here. This is a
phrase which Mexican history school books attribute to General Anaya, when he
surrendered the Plaza de Churubusco to General Scott, leader of the imperialistic
North American troops in 1847. [A.'s notes] 16. **Nosotros...codos:** We gnaw at
our elbows; that is, out of a sense of frustration and impotence. 17. **alcázar de
estío:** summer residence of the sultan. 18. **Tipú Sultán...jacobinos:** an allusion to
the Indian revolution against British imperialism. Tipú Sultán planted the tree of the
Jacobins (French revolutionaries); that is, Tipú Sultán led the revolution.

Luego distribuyó pedazos de vidrio
Entre los oficiales ingleses prisioneros
Y ordenó que se cortasen el prepucio[19]
Y se lo comiesen
    El siglo
Se ha encendido en nuestras tierras
Con su lumbre
    Las manos abrasadas[20]
Los constructores de catedrales y pirámides
Levantarán sus casas transparentes
     El presente es perpetuo
El sol se ha dormido entre tus pechos
La colcha roja es negra y palpita
Ni astro ni alhaja
    Fruta
Tú te llamas dátil
    Datia[21]
Castillo de sal si puedes[22]
    Mancha escarlata
Sobre la piedra empedernida[23]
Galerías terrazas escaleras
Desmanteladas[24] salas nupciales
Del escorpión
    Ecos repeticiones
Relojería erótica
    Deshora[25]
     Tú recorres
Los patios taciturnos bajo la tarde impía[26]
Manto de agujas en tus hombros indemnes[27]
Si el fuego es agua
    Eres una gota diáfana

---

19. prepucio: foreskin. 20. abrasadas: burned. 21. Datia: In the walled city named Datia, in the state of Madhya Pradesh, the palace-castle of Datia is located. It is supposedly one of the most perfect examples of 17th century civil architecture. [A.'s notes] 22. Castillo...puedes: a wordplay that combines salt castle and "sal si puedes," get out if you can; thus, get out of this salt castle if you can. 23. empedernida: stonily insistent on committing some moral wrong. 24. Desmanteladas: *. 25. Deshora: not on time. 26. impía: impious. 27. indemnes: untouched, undamaged.

La muchacha real
                    Transparencia del mundo
El presente es perpetuo
                              Los montes
          Soles destazados[28]
Petrificada tempestad ocre
                              El viento rasga[29]
              Ver duele
El cielo es otro abismo más alto
Garganta de Salang[30]
La nube negra sobre la roca negra
El puño de la sangre golpea
                              Puertas de piedra
Sólo el agua es humana
En estas soledades despeñadas[31]
Sólo tus ojos de agua humana
                                        Abajo
En el espacio hendido[32]
El deseo te cubre con sus dos alas negras
Tus ojos se abren y se cierran
                              Animales fosforescentes
Abajo
          El desfiladero[33] caliente
La ola que se dilata y se rompe
                                        Tus piernas abiertas
El salto blanco
La espuma de nuestros cuerpos abandonados
                                        El presente es perpetuo
El morabito[34] regaba la tumba del santo
Sus barbas eran más blancas que las nubes
Frente al moral[35]
              Al flanco del torrente
Repetiste mi nombre
                    Dispersión de sílabas

---

28. destazados: cut up.   **29. rasga:** tears.   **30. Garganta de Salang:** a pass in the mountains of Hindukush, between Kabul and Kunduz. [A.'s notes]   **31. despeñadas:** fallen from the rocks.   **32. hendido:** split.   **33. desfiladero:** mountain path. **34. morabito:** Moslem.   **35. moral:** mulberry tree.

Un adolescente de ojos verdes
Te regaló una granada
Al otro lado del Amu-Darya[36]
Humeaban las casitas rusas
El son de la flauta usbek[37]
Era otro río invisible y más puro
En la barcaza[38] el batelero[39] estrangulaba pollos
El país es una mano abierta
Sus líneas
Signos de un alfabeto roto
Osamentas[40] de vacas en el llano
Bactriana[41]
Estatua pulverizada
Yo recogí del polvo unos cuantos nombres
Por esas sílabas caídas
Granos de una granada cenicienta
Juro ser tierra y viento
Remolino
Sobre tus huesos
El presente es perpetuo
La noche entra con todos sus árboles
Noche de insectos eléctricos y fieras de seda
Noche de yerbas que andan sobre los muertos
Conjunción de aguas que vienen de lejos
Murmullos
Los universos se desgranan[42]
Un mundo cae
Se enciende una semilla
Cada palabra palpita
Oigo tu latir en la sombra
Enigma en forma de reloj de arena[43]
Mujer dormida

---

36. **Amu-Darya:** a river in Central Asia. 37. **usbek:** from the Usbek nation, of Turkish origins, which is divided between the USSR and Afghanistan. The Afghan group is nomadic. [A.'s notes] 38. **barcaza:** boat. 39. **batelero:** rower. 40. **Osamentas:** bones. 41. **Bactriana:** of the ancient province of Bactria, one of the great centers of non-Mediterranean Hellenism, victim of the White Huns and then other invaders from Central Asia. 42. **se desgranan:** fall like grain. 43. **reloj de arena:** sandglass.

Espacio espacios animados
Anima mundi [44]
                Materia maternal
Perpetua desterrada de sí misma
Y caída perpetua en su entraña vacía
                                Anima mundi
Madre de las razas errantes
                        De soles y de hombres
Emigran los espacios
                El presente es perpetuo
En el pico del mundo se acarician
Shiva y Parvati [45]
                Cada caricia dura un siglo
Para el dios y para el hombre
                        Un mismo tiempo
Un mismo despeñarse
                Lahor [46]
                        Río rojo barcas negras
Entre dos tamarindos [47] una niña descalza
Y su mirar sin tiempo
                Un latido [48] idéntico
Muerte y nacimiento
Entre el cielo y la tierra suspendidos
Unos cuantos álamos
Vibrar de luz más que vaivén de hojas
                        ¿Suben o bajan?
El presente es perpetuo
                Llueve sobre mi infancia
Llueve sobre el jardín de la fiebre
Flores de sílex [49] árboles de humo
En una hoja de higuera tú navegas
Por mi frente
                La lluvia no te moja

---

44. Anima mundi: Soul of the world.   **45. Shiva y Parvati:** the great Hindu
consort gods of eroticism, who, in Hindu mythology, live on the Kalaisa mountain in
the Himalayas. [A.'s notes]   **46. Lahor:** Lahore, city in western Pakistan where
many religious monuments are preserved.   **47. tamarindos:** tamarind fruit trees.
48. latido: beat.   **49. flores de sílex:** silica flowers.

Eres la llama de agua
La gota diáfana de fuego
Derramada sobre mis párpados
Yo veo a través de mis actos irreales
El mismo día que comienza
Gira el espacio
Arranca sus raíces el mundo
No pesan más que el alba nuestros cuerpos
Tendidos

CUESTIONARIO

1. Describa el lugar en que se encuentra el poeta.

2. ¿Quién acompaña al poeta? Descríbala.

3. ¿Qué relación hay entre el paisaje y la mujer amada?

4. ¿Qué ocurre en Santo Domingo en el mismo momento?

5. ¿Es Paz un poeta político?

6. ¿Cuál es la concepción del tiempo que el poema refleja? ¿Esta concepción está reflejada en el título?

JUAN RULFO

MÉXICO, 1918

One novel and one book of short stories are practically all Juan Rulfo has published since 1955, but his position as one of the finest narrators of this century is indisputable. Born in Mexico at the time the revolution was still radically changing the shape of that country's society, he was still a boy when his father was killed and his family was reduced to the hard charity of an uncle. He learned very early to fend for himself, and some of the harshness of his stories is an outgrowth of this brutal experience. When Mexico began to settle into becoming the modern country it is today, with the ascent of the new bourgeoisie, a pact between the leading chieftains stabilized, if not mummified, the democratic process; *the Partido Revolucionario Institucional* was created, and Mexico became a country to reckon with. Very little of that modernization affected the life of the peasants, especially of the Indians. It was their plight that mainly concerned Rulfo. He wrote *Pedro Páramo* (1955) with the help of a grant financed by a North American foundation. The book was an enormous success, and it quickly established itself as the most decisive portrait of Mexico at the time of the revolution.

Since Mariano Azuela (1873–1952) had published his masterpiece *Los de abajo* (1916), Mexican novelists had been concerned with the transformations of their country as a result of revolution, and with the political and social corruption that the revolutionary ideals had suffered when confronted with reality. Rulfo had a long line of masters to inspire him, but he took a different path in *Pedro Páramo*. While they were realistic narrators who attempted to include the maximum number of facts in their novels, his procedure was mainly ellipse.* Instead of a large landscape, Rulfo chose a small town and its chieftain, Pedro Páramo. In presenting the story of that landowner who grabbed everything and created a stone desert (his name means "desert") around him, Rulfo relied chiefly on myths. Beneath the very Mexican surface of the novel it is possible to detect Oedipal patricide, and the cult of death practiced by ancient Mexicans.

In "Talpa," from *El llano en llamas* (1953), a commonplace adultery is presented in its most tragic dimensions by setting it within the context of a journey (real and at the same time mythical) back to the origins of life. In a style that is reminiscent of one of William Faulkner's most haunting novels (*As I Lay Dying*, 1929), Rulfo gave his three characters the quality of inhabitants of hell. The religious procession that crosses their path also adds the masochistic undertones that cannot be absent from a true description of Mexican life. Rulfo's spare and harsh prose is comparable, in its graphic allusions, to the art of some of the great draftsmen of the Hispanic world: Francisco Goya, the Mexican José Guadalupe Posada (who specialized in skeletons frantically dancing the dance of death), and, of course, Luis Buñuel.*

---

* **ellipse:** a rhetorical figure wherein a word, or several words, ordinarily called for by the construction of a sentence, are omitted.

TALPA

Natalia se metió entre los brazos de su madre y lloró largamente allí con un llanto quedito.[1] Era un llanto aguantado por muchos días, guardado hasta ahora que regresamos a Zenzontla y vió a su madre y comenzó a sentirse con ganas de consuelo.

Sin embargo, antes, entre los trabajos de tantos días difíciles, cuando tuvimos que enterrar a Tanilo en un pozo de la tierra de Talpa, sin que nadie nos ayudara, cuando ella y yo, los dos solos, juntamos nuestras fuerzas y nos pusimos a escarbar[2] la sepultura desenterrando los terrones[3] con nuestras manos —dándonos prisa para esconder pronto a Tanilo dentro del pozo y que no siguiera espantando ya a nadie con el olor de su aire lleno de muerte—,[4] entonces no lloró.

Ni después, al regreso, cuando nos vinimos caminando de noche sin conocer el sosiego,[5] andando a tientas[6] como dormidos y pisando con pasos que parecían golpes sobre la sepultura de Tanilo. En ese entonces, Natalia parecía estar endurecida y traer el corazón apretado para no sentirlo bullir[7] dentro de ella. Pero de sus ojos no salió ninguna lágrima.

Vino a llorar hasta aquí, arrimada[8] a su madre; sólo para acongojarla[9] y que supiera que sufría, acongojándonos de paso a todos,[10] porque yo también sentí ese llanto de ella dentro de mí como si estuviera exprimiendo el trapo[11] de nuestros pecados.

Porque la cosa es que a Tanilo Santos entre Natalia y yo lo matamos. Lo llevamos a Talpa para que se muriera. Y se murió. Sabíamos que no aguantaría tanto camino; pero, así y todo, lo llevamos empujándolo entre los dos, pensando acabar con él para siempre. Eso hicimos.

La idea de ir a Talpa salió de mi hermano Tanilo. A él se le ocurrió primero que a nadie. Desde hacía años que estaba pidiendo que lo llevaran. Desde hacía años. Desde aquel día en que amaneció con unas ampollas moradas[12] repartidas en los brazos y las piernas. Cuando

---

1. **quedito:** quiet. 2. **escarbar:** *. 3. **terrones:** clods of earth. 4. **que no siguiera...muerte:** so he wouldn't keep on scaring people with his smell so full of death. 5. **sosiego:** calm, peace. 6. **a tientas:** * 7. **bullir:** boiling. 8. **hasta...a:** only here, near to. 9. **acongojarla:** upset her. 10. **acongojándonos...todos:** upsetting all of us, in passing. 11. **exprimiendo el trapo:** wringing out the rag. 12. **ampollas moradas:** purple blisters.

después las ampollas se le convirtieron en llagas[13] por donde no salía nada de sangre y sí una cosa amarilla como goma de copal que destilaba agua espesa.[14] Desde entonces me acuerdo muy bien que nos dijo cuánto miedo sentía de no tener ya remedio. Para eso quería ir a ver a la Virgen de Talpa; para que Ella con su mirada le curara sus llagas. Aunque sabía que Talpa estaba lejos y que tendríamos que caminar mucho debajo del sol de los días y del frío de las noches de marzo, así y todo quería ir. La Virgencita le daría el remedio para aliviarse de aquellas cosas que nunca se secaban. Ella sabía hacer eso: lavar las cosas, ponerlo todo nuevo de nueva cuenta,[15] como un campo recién llovido. Ya allí, frente a Ella, se acabarían sus males; nada le dolería ni le volvería a doler más. Eso pensaba él.

Y de eso nos agarramos Natalia y yo[16] para llevarlo. Yo tenía que acompañar a Tanilo porque era mi hermano. Natalia tendría que ir también, de todos modos, porque era su mujer. Tenía que ayudarlo llevándolo del brazo, sopesándolo a la ida y tal vez a la vuelta sobre sus hombros,[17] mientras él arrastrara su esperanza.

Yo ya sabía desde antes lo que había dentro de Natalia. Conocía algo de ella. Sabía, por ejemplo, que sus piernas redondas, duras y calientes como piedras al sol del mediodía, estaban solas desde hacía tiempo. Ya conocía yo eso. Habíamos estado juntos muchas veces; pero siempre la sombra de Tanilo nos separaba: sentíamos que sus manos ampolladas se metían entre nosotros y se llevaban a Natalia para que lo siguiera cuidando. Y así sería siempre mientras él estuviera vivo.

Yo sé ahora que Natalia está arrepentida de lo que pasó. Y yo también lo estoy; pero eso no nos salvará del remordimiento ni nos dará ninguna paz ya nunca. No podrá tranquilizarnos saber que Tanilo se hubiera muerto de todas modos porque ya le tocaba,[18] y que de nada había servido ir a Talpa, tan allá tan lejos; pues casi es seguro de que se hubiera muerto igual allá que aquí, o quizás tantito después aquí que allá,[19] porque todo lo que se mortificó por el camino, y la sangre que perdió de más,[20] y el coraje y todo, todas esas cosas juntas fueron las que lo mataron más pronto. Lo malo está en que Natalia y yo lo lleva-

---

13. llagas: sores.   **14. por donde...espesa:** that didn't bleed; just a yellow gummy thing like thick distilled water came out.   **15. ponerlo...cuenta:** making everything fresh and new.   **16. de eso nos agarramos Natalia y yo:** that's what Natalia and I latched onto.   **17. sopesándolo...hombros:** bearing his weight on her shoulders on the way there, and perhaps on the way back.   **18. ya le tocaba:** his time had come.   **19. tantito...allá:** just as well here as there.   **20. de más:** excessively.

mos a empujones, cuando él ya no quería seguir, cuando sintió que era inútil seguir y nos pidió que lo regresáramos. A estirones[21] lo levantábamos del suelo para que siguiera caminando, diciéndole que ya no podíamos volver atrás.

"Está ya más cerca Talpa que Zenzontla." Eso le decíamos. Pero entonces Talpa estaba todavía lejos; más allá de muchos días.

Lo que queríamos era que se muriera. No está por demás decir que eso era lo que queríamos desde antes de salir de Zenzontla y en cada una de las noches que pasamos en el camino de Talpa. Es algo que no podemos entender ahora; pero entonces era lo que queríamos. Me acuerdo muy bien.

Me acuerdo muy bien de esas noches. Primero nos alumbrábamos con ocotes.[22] Después dejábamos que la ceniza oscureciera la lumbrada[23] y luego buscábamos Natalia y yo la sombra de algo para escondernos de la luz del cielo. Así nos arrimábamos a la soledad del campo, fuera de los ojos de Tanilo y desaparecidos en la noche. Y la soledad aquella nos empujaba uno al otro. A mí me ponía entre los brazos el cuerpo de Natalia y a ella eso le servía de remedio. Sentía como si descansara; se olvidaba de muchas cosas y luego se quedaba adormecida y con el cuerpo sumido en un gran alivio.

Siempre sucedía que la tierra sobre la que dormíamos estaba caliente. Y la carne de Natalia, la esposa de mi hermano Tanilo, se calentaba en seguida con el calor de la tierra. Luego aquellos dos calores juntos quemaban y lo hacían a uno despertar de su sueño.[24] Entonces mis manos iban detrás de ella; iban y venían por encima de ese como rescoldo que era ella;[25] primero suavemente, pero después la apretaban como si quisieran exprimirle la sangre. Así una y otra vez, noche tras noche, hasta que llegaba la madrugada y el viento frío apagaba la lumbre de nuestros cuerpos. Eso hacíamos Natalia y yo a un lado del camino de Talpa, cuando llevamos a Tanilo para que la Virgen lo aliviara.

Ahora todo ha pasado. Tanilo se alivió hasta de vivir.[26] Ya no podrá decir nada del trabajo tan grande que le costaba vivir, teniendo aquel cuerpo como emponzoñado,[27] lleno por dentro de agua podrida que le salía por cada rajadura[28] de sus piernas o de sus brazos. Unas llagas así

21. **A estirones:** Pulling.   22. **nos alumbrábamos con ocotes:** we had light from an okote pinewood fire.   23. **lumbrada:** light.   24. **lo hacían...sueño:** made one wake from his dreams.   25. **ese como...ella:** that hot burning ember that she was. 26. **se alivió...vivir:** found relief from living.   27. **emponzoñado:** poisoned. 28. **rajadura:** crack.

de grandes, que se abrían despacito, muy despacito, para luego dejar salir a borbotones[29] un aire como de cosa echada a perder[30] que a todos nos tenía asustados.

Pero ahora que está muerto la cosa se ve de otro modo. Ahora Natalia llora por él, tal vez para que él vea, desde donde está, todo el gran remordimiento que lleva encima de su alma. Ella dice que ha sentido la cara de Tanilo estos últimos días. Era lo único que servía de él para ella; la cara de Tanilo, humedecida siempre por el sudor en que lo dejaba el esfuerzo para aguntar sus dolores. La sintió acercándose hasta su boca, escondiéndose entre sus cabellos, pidiéndole, con una voz apenitas,[31] que lo ayudara. Dice que le dijo que ya se había curado por fin; que ya no le molestaba ningún dolor. "Ya puedo estar contigo, Natalia. Ayúdame a estar contigo", dizque eso le dijo.[32]

Acabábamos de salir de Talpa, de dejarlo allí enterrado bien hondo en aquel como surco[33] profundo que hicimos para sepultarlo.

Y Natalia se olvidó de mí desde entonces. Yo sé cómo le brillaban antes los ojos como si fueran charcos[34] alumbrados por la luna. Pero de pronto se destiñeron,[35] se le borró la mirada como si la hubiera revolcado en la tierra.[36] Y pareció no ver ya nada. Todo lo que existía para ella era el Tanilo de ella, que ella había cuidado mientras estuvo vivo y lo había enterrado cuando tuvo que morirse.

Tardamos veinte días en encontra el camino real[37] de Talpa. Hasta entonces habíamos venido los tres solos. Desde allí comenzamos a juntarnos con gente que salía de todas partes; que había desembocado como nosotros en[38] aquel camino ancho parecido a la corriente de un río, que nos hacía andar a rastras,[39] empujados por todos lados como si nos llevaran amarrados con hebras[40] de polvo. Porque de la tierra se levantaba, con el bullir de la gente, un polvo blanco como tamo de maíz[41] que subía muy alto y volvía a caer; pero los pies al caminar lo devolvían y lo hacían subir de nuevo; así a todas horas estaba aquel polvo por encima y debajo de nosotros. Y arriba de esta tierra estaba el cielo vacío, sin nubes, sólo el polvo; pero el polvo no da ninguna sombra.

29. **a borbotones:** gushing. 30. **echada a perder:** rotting. 31. **apenitas:** barely. 32. **dizque eso le dijo:** she says he said to her. 33. **aquel como surco:** that ditch. 34. **charcos:** puddles. 35. **se destiñeron:** they faded. 36. **se le borró...tierra:** that look of hers was wiped away as if it had been stamped into the earth. 37. **camino real:** main road. 38. **desembocado...en:** come out, like us, onto. 39. **a rastras:** dragging. 40. **hebras:** fibers. 41. **tamo de maíz:** corn fuzz.

Teníamos que esperar a la noche para descansar del sol y de aquella luz blanca del camino.

Luego los días fueron haciéndose más largos. Habíamos salido de Zenzontla a mediados de febrero, y ahora que comenzaba marzo amanecía muy pronto. Apenas si cerrábamos los ojos al oscurecer, cuando nos volvía a despertar el sol, el mismo sol que parecía acabarse de poner hacía un rato.

Y yo nunca había sentido que fuera más lenta y violenta la vida como caminar entre un amontonadero[42] de gente; igual que si fuéramos un hervidero de gusanos apelotonados[43] bajo el sol, retorciéndonos entre la cerrazón[44] del polvo que nos encerraba a todos en la misma vereda y nos llevaba como acorralados.[45] Los ojos seguían la polvareda;[46] daban en el polvo como si tropezaran contra algo que no se podía traspasar. Y el cielo siempre gris, como una mancha gris y pesada que nos aplastaba a todos desde arriba. Sólo a veces, cuando cruzábamos algún río, el polvo era más alto y más claro. Zambullíamos[47] la cabeza acalenturada y renegrida[48] en el agua verde, y por un momento de todos nosotros salía un humo azul, parecido al vapor que sale de la boca con el frío. Pero poquito después desaparecíamos otra vez entreverados[49] en el polvo, cobijándonos[50] unos a otros del sol, de aquel calor del sol repartido entre todos.

Algún día llegará la noche. En eso pensábamos. Llegará la noche y nos pondremos a descansar. Ahora se trata de cruzar el día, de atravesarlo como sea para correr del calor y del sol. Después nos detendremos. Después. Lo que tenemos que hacer por lo pronto es esfuerzo tras esfuerzo para ir de prisa detrás de tantos como nosotros y delante de otros muchos. De eso se trata. Ya descansaremos bien a bien[51] cuando estemos muertos.

En eso pensábamos Natalia y yo y quizá también Tanilo, cuando íbamos por el camino real de Talpa, entre la procesión; queriendo llegar los primeros hasta la Virgen, antes que se le acabaran los milagros.

Pero Tanilo comenzó a ponerse más malo. Llegó un rato en que ya no quería seguir. La carne de sus pies se había reventado y por la

---

42. **amontonadero:** crowd.　43. **hervidero...apelotonados:** swarm of worms all balled together.　44. **cerrazón:** darkened sky.　45. **acorralados:** corralled.　46. **polvareda:** dust cloud.　47. **Zambullíamos:** We'd plunge.　48. **acalenturada y renegrida:** feverish and blackened.　49. **entreverados:** mixed in.　50. **cobijándonos:** sheltering each other.　51. **bien a bien:** very well.

reventazón[52] aquella empezó a salírsele la sangre. Lo cuidamos hasta que se puso bueno. Pero, así y todo, ya no quería seguir:
"Me quedaré aquí sentado un día o dos y luego me volveré a Zenzontla." Eso nos dijo.

Pero Natalia y yo no quisimos. Había algo dentro de nosotros que no nos dejaba sentir ninguna lástima por ningún Tanilo. Queríamos llegar con él a Talpa, porque a esas alturas,[53] así como estaba, todavía le sobraba vida.[54] Por eso mientras Natalia le enjuagaba[55] los pies con aguardiente[56] para que se le deshincharan,[57] le daba ánimos.[58] Le decía que sólo la Virgen de Talpa lo curaría. Ella era la única que podía hacer que él se aliviara para siempre. Ella nada más. Había otras muchas Vírgenes; pero sólo la de Talpa era la buena. Eso le decía Natalia.

Y entonces Tanilo se ponía a llorar con lágrimas que hacían surco entre el sudor de su cara y después se maldecía por haber sido malo. Natalia le limpiaba los chorretes[59] de lágrimas con su rebozo,[60] y entre ella y yo lo levantábamos del suelo para que caminara otro rato más, antes que llegara la noche.

Así, a tirones,[61] fué como llegamos con él a Talpa.

Ya en los últimos días también nosotros nos sentíamos cansados. Natalia y yo sentíamos que se nos iba doblando el cuerpo entre más y más. Era como si algo nos detuviera y cargara un pesado bulto sobre nosotros. Tanilo se nos caía más seguido y teníamos que levantarlo y a veces llevarlo sobre los hombros. Tal vez de eso estábamos como estábamos: con el cuerpo flojo y lleno de flojera[62] para caminar. Pero la gente que iba allí junto a nosotros hacía andar más aprisa.

Por las noches, aquel mundo desbocado[63] se calmaba. Desperdigadas[64] por todas partes brillaban las fogatas[65] y en derredor de[66] la lumbre la gente de la peregrinación rezaba el rosario, con los brazos en cruz, mirando hacia el cielo de Talpa. Y se oía cómo el viento llevaba y traía aquel rumor, revolviéndolo, hasta hacer de él un solo mugido.[67] Poco después todo se quedaba quieto. A eso de la medianoche podía oírse que alguien cantaba muy lejos de nosotros. Luego se cerraban los ojos y se esperaba sin dormir a que amaneciera.

---

52. **reventazón:** rupture. 53. **a esas alturas:** at that point. 54. **le sobraba vida:** had life left in him. 55. **enjuagaba:** rinsed. 56. **aguardiente:** alcoholic spirits. 57. **se le deshincharan:** the swelling would go down. 58. **le daba ánimos:** encouraged him. 59. **chorretes:** streams. 60. **rebozo:** shawl. 61. **a tirones:** dragging. 62. **lleno de flojera:** too weak. 63. **desbocado:** frantic. 64. **Desperdigadas:** scattered. 65. **fogatas:** bonfires. 66. **en derredor de:** around. 67. **mugido:** roar.

Entramos en Talpa cantando el Alabado.[68]

Habíamos salido a mediados de febrero y llegamos a Talpa en los últimos días de marzo, cuando ya mucha gente venía de regreso. Todo se debió a que Tanilo se puso a hacer penitencia. En cuanto se vió rodeado de hombres que llevaban pencas de nopal[69] colgadas como escapulario,[70] él también pensó en llevar las suyas. Dió en amarrarse[71] los pies uno con otro con las mangas de su camisa para que sus pasos se hicieran más desesperados. Después quiso llevar una corona de espinas. Tantito después se vendó los ojos, y más tarde, en los últimos trechos[72] del camino, se hincó[73] en la tierra, y así, andando sobre los huesos de sus rodillas y con las manos cruzadas hacia atrás, llegó a Talpa aquella cosa que era mi hermano Tanilo Santos; aquella cosa tan llena de cataplasmas[74] y de hilos oscuros de sangre que dejaba en el aire, al pasar, un olor agrio como de animal muerto.

Y cuando menos acordamos[75] lo vimos metido entre las danzas. Apenas si nos dimos cuenta y ya estaba allí, con la larga sonaja[76] en la mano, dando duros golpes en el suelo con sus pies amoratados[77] y descalzos. Parecía todo enfurecido, como si estuviera sacudiendo el coraje que llevaba encima desde hacía tiempo; o como si estuviera haciendo un último esfuerzo por conseguir vivir un poco más.

Tal vez al ver las danzas se acordó de cuando iba todos los años a Tolimán, en el novenario del Señor, y bailaba la noche entera hasta que sus huesos se aflojaban, pero sin cansarse. Tal vez de eso se acordó y quiso revivir su antigua fuerza.

Natalia y yo lo vimos así por un momento. En seguida lo vimos alzar los brazos y azotar su cuerpo contra el suelo, todavía con la sonaja repicando[78] entre sus manos salpicadas[79] de sangre. Lo sacamos a rastras, esperando defenderlo de los pisotones[80] de los danzantes; de entre la furia de aquellos pies que rodaban sobre las piedras y brincaban[81] aplastando la tierra sin saber que algo se había caído en medio de ellos.

A horcajadas,[82] como si estuviera tullido,[83] entramos con él en la iglesia. Natalia lo arrodilló junto a ella, enfrentito[84] de aquella figurita

---

68. el Alabado: Praise be to God.   69. pencas de nopal: cactus leaves.   70. escapulario: *.   71. amarrarse: tie.   72. trechos: stretches.   73. se hincó: he knelt. 74. cataplasmas: poultices.   75. cuando menos acordamos: when we least expected.   76. sonaja: rattle.   77. amoratados: bruised.   78. repicando: sounding. 79. salpicadas: splattered.   80. pisotones: stomping.   81. brincaban: they were leaping.   82. A horcajadas: Holding him on our shoulders.   83. tullido: crippled. 84. enfrentito: right in front of.

dorada que era la Virgen de Talpa. Y Tanilo comenzó a rezar y dejó que se le cayera una lágrima grande, salida de muy adentro, apagándole la vela que Natalia le había puesto entre sus manos. Pero no se dió cuenta de esto; la luminaria de tantas velas prendidas que allí había le cortó esa cosa con la que uno se sabe dar cuenta de lo que pasa junto a uno.[85] Siguió rezando con su vela apagada. Rezando a gritos para oír que rezaba.

Pero no le valió. Se murió de todos modos.

"...desde nuestros corazones sale para Ella una súplica igual, envuelta en el dolor. Muchas lamentaciones revueltas[86] con esperanza. No se ensordece su ternura ni ante los lamentos ni las lágrimas, pues Ella sufre con nosotros. Ella sabe borrar esa mancha y dejar que el corazón se haga blandito y puro para recibir su misericordia y su caridad. La Virgen nuestra, nuestra madre, que no quiere saber nada de nuestros pecados; que se echa la culpa de nuestros pecados; la que quisiera llevarnos en sus brazos para que no nos lastime la vida, está aquí junto a nosotros, aliviándonos el cansancio y las enfermedades del alma y de nuestro cuerpo ahuatado,[87] herido y suplicante. Ella sabe que cada día nuestra fe es mejor porque está hecha de sacrificios..."

Eso decía el señor cura desde allá arriba del púlpito. Y después que dejó de hablar, la gente se soltó rezando toda al mismo tiempo, con un ruido igual al de muchas avispas[88] espantadas por el humo.

Pero Tanilo ya no oyó lo que había dicho el señor cura. Se había quedado quieto, con la cabeza recargada[89] en sus rodillas. Y cuando Natalia lo movió para que se levantara ya estaba muerto.

Afuera se oía el ruido de las danzas; los tambores y la chirimía;[90] el repique[91] de las campanas. Y entonces fué cuando me dió a mí tristeza. Ver tantas cosas vivas; ver a la Virgen allí, mero[92] enfrente de nosotros dándonos su sonrisa, y ver por el otro lado a Tanilo, como si fuera un estorbo. Me dió tristeza.

Pero nosotros lo llevamos allí para que se muriera, eso es lo que no se me olvida.

Ahora estamos los dos en Zenzontla. Hemos vuelto sin él. Y la madre de Natalia no me ha preguntado nada; ni qué hice con mi

85. la luminaria...junto a uno: the light from so many lit candles kept him from realizing what was happening right there. 86. revueltas: mixed. 87. ahuatado: filled with thorns. 88. avispas: wasps. 89. recargada: resting. 90. chirimía: hornpipes. 91. repique: ringing. 92. mero: right there.

hermano Tanilo, ni nada. Natalia se ha puesto a llorar sobre sus hombros y le ha contado de ese manera todo lo que pasó.

Y yo comienzo a sentir como si no hubiéramos llegado a ninguna parte; que estamos aquí de paso, para descansar, y que luego seguiremos caminando. No sé para dónde; pero tendremos que seguir, porque aquí estamos muy cerca del remordimiento y del recuerdo de Tanilo.

Quizá hasta empecemos a tenernos miedo uno al otro. Esa cosa de no decirnos nada desde que salimos de Talpa tal vez quiera decir eso. Tal vez los dos tenemos muy cerca el cuerpo de Tanilo, tendido en el petate [93] enrollado; lleno por dentro y por fuera de un hervidero de moscas azules que zumbaban [94] como si fuera un gran ronquido [95] que saliera de la boca de él; de aquella boca que no pudo cerrarse a pesar de los esfuerzos de Natalia y míos, y que parecía querer respirar todavía sin encontrar resuello. [96] De aquel Tanilo a quien ya nada le dolía, pero que estaba como adolorido, con las manos y los pies engarruñados [97] y los ojos muy abiertos como mirando su propia muerte. Y por aquí y por allá todas sus llagas goteando un agua amarilla, llena de aquel olor que se derramaba por todos lados y se sentía en la boca, como si se estuviera saboreando una miel espesa y amarga que se derretía [98] en la sangre de uno a cada bocanada [99] de aire.

Es de eso de lo que [100] quizá nos acordemos aquí más seguido: de aquel Tanilo que nosotros enterramos en el camposanto de Talpa; al que Natalia y yo echamos tierra y piedras encima para que no lo fueran a desenterrar los animales del cerro.

93. petate: sleeping mat. **94. zumbaban:** buzzed. **95. ronquido:** snore. **96. resuello:** *. **97. engarruñados:** contracted; mangled. **98. se derretía:** melted. **99. bocanada:** *. **100. Es de eso de lo que:** That's what.

CUESTIONARIO

1. ¿Qué parentesco tiene el narrador con Natalia y Tanilo Santos?

2. ¿Cómo se manifestaba la enfermedad de Tanilo?

3. ¿Por qué quería Tanilo ir a Talpa?

4. ¿Quiénes lo llevaban a Talpa?

5. ¿Qué es lo que el narrador conocía de Natalia?

6. ¿Cuántos días tardaron en encontrar el camino real de Talpa? ¿Por qué?

7. Describa la experiencia de los tres en el camino real de Talpa.

8. ¿Qué pasó a los pies de Tanilo en el viaje?

9. Cuando por fin Tanilo llegó a ver la Virgen de Talpa, ¿qué le pasó?

10. ¿Qué hicieron Natalia y el narrador con el cuerpo de Tanilo?

11. ¿Qué actitud tenía Natalia hacia el narrador después de Talpa?

12. ¿Cuál es el sentimiento que domina a Natalia y al narrador después de la muerte de Tanilo?

ULALUME GONZÁLEZ DE LEÓN

URUGUAY/MÉXICO, 1932

The romantics created the myth of poetic originality: a poet could be legitimately inspired only by his or her Muse. To poach on a colleague's work was anathema. In reality, romantic poets were big borrowers. But the myth has persisted, in a debased way, to this day. Before romanticism, poets were more truthful—Vergil modeled his *Aeneid* on Homer's *Iliad* and *Odyssey*; Dante had no qualms about telling Vergil (in their imaginary encounter at the beginning of the *Inferno*) that he had become famous by imitating him; Shakespeare and Cervantes were great poachers, if not outright plagiarists. In this century, T. S. Eliot and Ezra Pound, Jorge Luis Borges* and Gabriel García Márquez* developed the art of borrowing to the point of creativity. And Ulalume González de León has had the audacity to move forward and call a collection of her original poetry *Plagios* (1973).

Born in Uruguay into a family of poets, González de León was educated in France and has resided practically all her life in Mexico. In a sense, she is more Mexican than Uruguayan. Her mother, the distinguished poet Sara de Ibáñez (1909–71), had revived one of the Golden Age's most famous stanzas, the *lira,** which had been used to perfection by the Mexican nun Sor Juana Inés de la Cruz (1648–95). Following both masters, González de León has also revived the art of plagiarism.

* **lira:** loosely, a Spanish stanza form of four, five, six, or, rarely, more syllables; any short-strophe *canción* in Italianate verse. The name was first applied to the form *a B a b B* and was taken from the end of the first line of Garcilaso's (1501 ?–36) poem "A la flor de Gnido."

By admitting that poetry is made out of poetry, González de León has dismissed as irrelevant the question of who is the "author" of a given verse or device. What matters is the use that verse or device is put to. In the sequence of poems here reprinted, she uses a classical slogan ("Festina lente"), the title of Marcel Proust's masterpiece (*A la recherche du temps perdu*), and some of Shakespeare's most famous lines, and recycles them into new, dazzling images. By permutations, the new text is thus created from fragments of all texts; differently edited, their meanings and forms change so subtly that only specialists would be able to recognize them if the poet did not call attention to her borrowings. By calling the poems "Plagiarisms," González de León is not only revealing how her poetry is actually done; she is also revealing how any poetry is done. Her poems are lessons in the art of poetry.

Her Christian name was chosen by her poetically minded parents from a poem by Edgar Allan Poe of that name. It can be correctly said that from birth she was destined to be a plagiarist, the most creative of them all.

FESTINA LENTE[1]

Máquina de guerra
como su nombre
        Escarabajo[2]
cornuto[3]
        Avanza entre hojas secas
enorme la mandíbula[4]
           para duelos[5] de amor

1. **Festina lente:** Hurry up slowly. A phrase attributed to the Roman emperor Augustus, according to Suetonius. 2. **Escarabajo:** Black beetle. 3. **cornuto:** horned. 4. **enorme la mandíbula:** has a big jaw. 5. **duelos:** duels.

EN BUSCA DEL TIEMPO PERDIDO

La carcoma[1]
        taladra[2] antiguos muebles
madera vieja
        tiempo de madera
Sabe
que en veinte años la madera blanda
no ofrece resistencia
        y en sesenta la dura
No saca de ello conclusiones
sino un polvillo[3] fino que firma con su nombre
Escúchala
        está abriendo
sus galerías[4] en la oscuridad
De vez en cuando
        se detiene y golpea las paredes
con la cabeza

1. **carcoma:** termite. 2. **taladra:** drill, bore. 3. **polvillo:** sawdust. 4. **galerías:** *

OCHO VERSOS NUEVOS
HECHOS CON MATERIAL
USADO POR SHAKESPEARE

Eran dos en amor: uno en esencia

Eran distintos pero indivisibles:
en el amor el número moría

Entre los dos amor resplandeciente
Distancia en que el espacio no se abría

Remotos corazones no apartados
misma naturaleza y doble nombre
ni uno ni dos designo cuando llamo[1]

1. **ni...llamo:** To call one is to call the other.

CUESTIONARIO

"FESTINA LENTE"

1. ¿Cuál es la parte del cuerpo del escarabajo que el poeta destaca de una manera especial?

2. ¿Qué intención tiene la autora en presentar el escarabajo primero como máquina de guerra, y luego como enamorado?

3. ¿Qué relación tiene el título del poema con el poema?

"EN BUSCA DEL TIEMPO PERDIDO"

1. ¿Por qué dice que la carcoma produce *un polvillo fino que firma con su nombre*? Explique esta metáfora.

2. ¿Cuánto tiempo tarda la carcoma en taladrar la madera blanda, y cuánto dura la madera?

"OCHO VERSOS NUEVOS HECHOS CON MATERIAL
USADO POR SHAKESPEARE"

1. ¿Quiénes son las dos que parecían una sola persona?

2. ¿Por qué parecían una sola persona?

VOCABULARY

The following Spanish-English glossary does not contain: cognates; well-known proper names; adverbs ending in -*mente*, unless the adjective itself is not given; certain diminutives, augmentatives, and superlatives; adjective forms with other than masculine singular endings; verb forms other than the infinitive; and other words that would be readily recognized by a student of Spanish.

Masculine nouns that do not end in -*e*, -*o*, -*ón*, -*ín*, or -*r* are indicated by the abbreviation *m*; feminine nouns that do not end in -*a*, -*dad*, -*tad*, -*tud*, -*ión*, -*ez*, or -*umbre* are indicated by the abbreviation *f*. Other abbreviations are *a* (adjective), *n* (noun), and *pl* (plural).

Only meanings corresponding to the text use have been given.

A

abajo under; below; underneath
abordaje approach
abrasado burned
abrasar to burn, singe
abrasilerado Brazilianized
abrochar to button (up)
abrumar to overwhelm
acalenturado feverish
acantilado path over cliffs
acongojar to upset
acorralado corralled
acorazado battleship
acosado persecuted
adorado adored; deep-felt
aduana customs; customs book
aferrarse to seize
afilado sharpened
afincar to take hold
afluencia multitude; abundance
agarrar to catch; to grab hold of
agauchao turned gaucho (spoken)
agazapado crouched in waiting
agredir to attack
agregar to add (to)
agrio bitter
aguamanil *m* washbasin
aguardiente brandy; spirits
ahuatado filled with thorns
ahuehuete ahuehuete tree
ajar to crumple
ajenjo absinthe
ajo garlic
Alabado praises to God
alameda poplar grove
alazana sorrel-colored
alborotar to stir up
alcatraz *m* pelican; cornucopia
alcázar castle
alegar to allege, affirm
aleta propeller
alhelí *m* gilliflower
aliviar to alleviate, give relief
almacén *m* small saloon; corner store
alrededor surroundings, environs
altercado argument, brawl
altillo hillock

alumbrar to light
alumbre alum
amarrar to tie
amasado kneaded
amo master
amoldarse to adapt oneself (to)
amontonadero crowd
amoratado bruised
ampo pure white
ampolla blister
ampolleta hourglass
amujerado *n* pansy, *a* effeminate
anhelante anxious
anillo ring; traffic circle
ánimo courage
antro dive
añadido something extra
apagado inaudible; dull; extinguished; turned off
apantallar to overwhelm
aparatosidad showiness
aparcería partnership; business
apartado *n* division; sorting out; *a* set apart
apelotonado balled together
apenitas barely
apero saddle; riding accoutrements
apiñado piled together
apodar to nickname
apoderado lawyer; attorney
apresurarse to hurry
arañar to scratch
arco arch
arco iris rainbow
ardid *m* trick
arena sand
armas blancas *pl* knives
aro hoop
arrastrado dragged along
arreador bullwhip
arrear drive a herd
arrebatar to snatch
arrebujado huddled
arrellanado lounging
arrimarse a to join with; to draw near
arrobarse to be in rapture
arropar to dress, cover, wrap
asar to roast

asentar to seat; to stop at; to
assure
asestar to deal (blows)
ataque attack
atavismo atavism
atestado full
atrio church entrance, halls
autómata *m* robot
avispa wasp
azorado confused

B

balazo bullet shot
baldío wasteland; empty lot
balón football
bandera flag
bandurria bandore, a kind of
guitar
barcaza boat
bargueño wardrobe
barranca ravine
barrer to sweep
barrilete kite
barullo noise, racket
basca nausea
bastón cane, walking stick
basurero garbage man; trash can
bata bathrobe
batelero rower
batiente shutter
batín robe
Benamejí village near Córdoba
bendito blessed
bergantín clipper ship
bigote moustache
birlar to swindle
bizco cross-eyed
blanquecino whitish
bocanada gush; mouthful
boleadoras *pl* bolas
bolero Caribbean dance
bolillo lace-bobbin
borboteo gush
borbotón bubbling, gushing
borla tassle
borrachera drunken spree
borrar to wipe away, erase
botica drugstore
botones bellboy

bóveda vault
boxeo boxing
bravata bravado
brazada swimming stroke
brebaje brew
bribón vagrant, scoundrel
brincar to leap
brisa breeze
brocado brocade
brocha brush
broma joke
brujo warlock, male witch
bruma mist
bucle curl (of hair)
buche mouthful; **hacer buches de**
to gargle
bulla noise, racket
bullir to boil
buque ship

C

cabalgadura mount; beast
caballete ridgepole
cabecera headboard of a bed
cabellera hairdo
cabezada nod; head movement
cabezal *m* headrest
cabezazo blow with the head
cabizbajo crestfallen; with one's
head down
cabritilla kid
cacatúa cockatoo
cachar to get; to catch; to break
in pieces
cacho crust
caída fall
calabozo jail
calado sculpted
caldera kettle; laundry basin
calentar to heat
calma calm, stillness
calva bald-head
callarse to be quiet
Camborio name of a gypsy tribe
caminero relating to the road
cana *n* gray hair; *a* gray-haired
cancel *m* curtain
candela candle
candente red-hot

cantor singer
caña cane; rum
capirote dunce cap
capote cloak
Capricornio Capricorn
caprino goatlike
caracol *m n* snail; *a* spiral
carátula tragic theatrical mask
carcajada laughter
carcoma termite
cardo thistle
cargadores elásticos *pl* suspenders
carmesí *m* carmine red; scarlet
carnear to slaughter cattle
carona saddle blanket
carrero cart driver
carreta cart
carretilla small cart
carruaje carriage
carrusel *m* carrousel
cáscara peel, skin
casco hoof
caserón big old house
casota (*pejorative*) mansion
castañetear to chatter
castillo castle
cataplasma poultice
catarata cataract, waterfall
catarro cold, catarrh
cenicerito small ashtray
ceniza ash
centinela sentinel
cerciorarse to make sure
cerrazón darkened sky
certero accurate; good aim
cielorraso ceiling
cinto cartridge belt
clavel *m* carnation
coartada alibi
cobijar to shelter
cobrar to charge
cobre copper
cocodrilo crocodile
codazo blow with the elbow
cojín cushion
cojo crippled, lame
cola tail, hind part; line (of people)
colarse to stealthily enter; to "gate crash"

colcha bedspread, quilt
colgar to hang
colibrí *m* hummingbird
colmar to fulfill
colmena beehive
colorinesco vividly colored
columpio swing
comadreja weasel
comedia comedy; play
compadrito hoodlum
compañía company
complejo complex
compuerta floodgate
común common
concertar form a pattern
confín border
conformar to console; to conform
congoja despair
congolés Congolese
conjecturar to guess, conjecture
conservar to conserve; to maintain
consueta prompter
consulta consultation
consumir to consume, use up
contrabando smuggling
contrapicado zoom shot
contrario *a* contrary; **llevar la contraria** to contradict, oppose
copeteado topped
corcho cork
cordal *m* wisdom tooth
cordura sanity
corinto fig-colored
cornudo horned
coro choir, chorus
corredor hallway
corrida bullfight
cortinaje curtain
costal *m* sack
costra scab
crecido grown; swollen
crestería mountain ridge
crin *m* mane
crujido crunch
crujiente creaking
cuadro picture; frame
cuarteador teamster
cuartel *m* barracks
cubilete mould; tumbler; dice-box
cuchilla small mountain ridge

cuello neck
cuento tale, story
cuervo crow, raven
cutis *m* skin, complexion
chaleco vest
chapa label
chapeado silver-trimmed
chaquetilla jacket
charco puddle
charol *m* patent leather
chato low, flat
chicotazo blow; whip
chicharrón overcooked meat
chillón shrill; shrieking
chimenea fireplace; chimney
chirimía hornpipes
chirriar screech
chirrido squeak
chirrión creaking tumbrel
chispa spark
chisporroteo sputtering
chivo goat
chocar to crash; to bump; to click together
chorrete stream
chorro stream

D

de más excessively
degenerado pervert
delfín dolphin
dentadura teeth
dentellada nip with the teeth
denuesto insult
departamento district; department
derecho *n* law, right; *a* straight
derredor circumference
derretir to melt
derribado knocked down
desaparecido disappeared
desbandado scattered
desbocado frantic
descabellado absurd
descarnado wan, emaciated
descendiente descending
desembocado emptied out; come out

desembocar to come out (on)
desenvuelto *a* easy
desfiladero mountain pass
desfondado crumbling
desgajar to become disjointed
desgañitarse to get hoarse
desgarrado torn
desgarrar to tear, rend
desgranar to shake out grain; to thresh
deshinchar to reduce a swelling
deshora not on time
desierto desert
desigual unequal; irregular
designar to designate
desmantelado bare, empty; dismantled
desmontado dismantled
desparramarse to spread out
despavorido in terror
despechado displeased
despeinar to uncomb, mess up
despeñado fallen from the rocks
desperdicio refuse
desperdigado scattered
despertar(se) to awaken
despiadado pitiless, relentless
desprenderse to issue from, come out of
destazado cut up
destemplado inharmonious; shrill, grating
desteñirse to discolor, fade
desterrado exiled
destilar to ooze; to filter
desvaído faded
desvarío delirium, hallucination
desviar to divert, turn aside
detrás behind
dirimir to decide who wins
discursillo little speech
displicente casual
disyuntiva dilemma
dita bond; debt
doblar to fold, bend
dormilón sleepyhead
duelo duel
duende elf; fairy
durazno peach

E

ebanista cabinetmaker
ecuestre equestrian
echado thrown out; closed
eje axis
embestir to assail, attack
embolar to put balls on the bull's horns
embudo funnel
empañado tarnished, faded
empapado soaked
empaque bearing
empavonado spruced up
empedernido hardhearted
empedrado cobblestoned
empinado steep
emplumado plumed
emponzoñado poisoned
emporcado stained, dirtied
empujón push
enarbolado hoisted like banners
encabritarse to rear up
encandilado blinded by light
encargado agent
encima above, over
encinta pregnant
enclenque frail
encrucijada crossroads
encuadrar to frame
enchilada pancake of maize with chile
enderezar to straighten (up)
enfilar to line up
enfrentito right in front (of)
enfundado covered with dust covers
engarruñado contracted, mangled
englobar engulf; include
engordar to fatten
engrudo thick like glue
engullir to stuff
enjuagar to rinse
enjuto skinny
enloquecer to render insane
enmarcador picture framer
ensangrentado bloody
ensimismado absorbed, mesmerized
enterrar to bury

entibiarse to get warm
entreabrir to half-open
entrecejo space between the eyebrows
entrecerrar to half-close
entresuelo mezzanine
entretejer to weave
entreverado mixed up
entrevero confusion
entropillar to round up
eral *m* young ox
escalera staircase
escándalo scandal
escaparate show window
escapulario scapulary
escarabajo black beetle
escarbar to dig (into)
escoldo ember
(a) escondidas secretly
escotado open like a low-cut dress
escote low-cut dress
escudriñar to scrutinize
esculpir to sculpt
escupidera spittoon
escurrirse to slide, glide
esforzarse to exert oneself, try hard
esfumarse to fade
esmero care
espadón large sword
espalda back; spine
espantar to frighten, scare
espartillo esparto grass
espejismo mirage
espesa thick
espina thorn
estancia ranch; room
estanque pond
estentóreo very loud
estirón yank, tug, pull
estofado ceramic ornament
expendeduría retail shop, counter
exprimir to wring (out)
extraer to extract, draw out; to remove
extrañar to estrange; to miss
extraviarse to lose one's way
extravío aberration

F

fanfarronada boasting
farallón cliff
farra orgy; all-night party
fastuosa gaudy, pageantlike
fauces *f pl* gullet
felpa plush
filo edge
finca country estate
flamígero flaming
flojera weakness
fogata bonfire
fragor clamor
franja band
frasquito bottle, flask
fregar to scrub; to get into
  trouble
fresa drill
fresno ash tree
fruncir to pucker; to contract
fuente *f* fountain
fulgor brilliance
fundidora founder; smelter

G

gacho fallen
gabinete office
gafas *pl* eyeglasses
galera derby, bowler hat
galería corridor with skylights
gallego Galician
gallinazo buzzard
garbanzos *pl* chickpeas
garboso graceful
garrucha pully
gatillo forceps
gaveta drawer
gemido moan
gendarme policeman
gineceo woman's quarters
  (ancient Greece)
Gioconda the Mona Lisa
golondrina swallow
goma rubber
gordezuelo fat
gorrita cap
gótico Gothic; ornate; strange

grada step, stair
gratuito gratis, free
grave heavy; grave; low, base
  (in music)
graznido hoot
grosor thickness
gruñido grunt
grupa rump
Guadalquivir river that runs
  through Seville
guampuda longhorn
guante glove
guardia *f* guard, police force; *m*
  guard, policeman
güero blond
guerra war
guerrera army tunic or jacket
guindilla cop, policeman
guineo banana
guión script
guisar to cook
gusano worm

H

hacer fuego to fire upon
hálito breath
hallazgo act of finding, recovering
harapo rag
haz bunch
hazmerreír laughingstock
hebra fiber
hediondo foul-smelling
helado frozen
helecho fern
hendido split
hervidero swarm
hiel *m* bile (sometimes spelled *yel*)
hierro iron
higo fig
hilacha thread
hincarse to kneel
hojear to leaf through
hombrada manly feat
(a) horcajadas astraddle
hormonamen (*neologism*)
  m hormones
hoyuelo dimple
hueco hollow, empty
humilde humble

I

impajaritablemente (*slang*) absurdly
impío impious
incrédulo incredulous, unbelieving
indemne untouched, undamaged
inerte inert
infatigable untiring
ingresar to enter
íngrimo deserted
insignia badge
intemperie open air
internarse en to find one's way (into)
inverosímil unbelievable
iracundia rage
isleño islander; of the islands

J

jabalí *m* wild boar
jabonado soaped
jacobino Jacobin
jadeante panting
jadeíta jade
jalar to pull
jarocho from Vera Cruz
jinete jockey; horseman
jinetear ride a horse
jirón shred
juglar minstrel; juggler

L

lacio straight
lagrimón big tear
lamparita light bulb
largarse to go off (to)
lata tin can
latido beat
lazo bond
lechuza owl
lejía lye
letanía litany, prayer song
leva levy; lever
levita frock coat
liga bond
limpiar to clean
lío trouble, mess

liquidar to settle, pay up
lirio lily
loma hillock
loquito hare-brained
loza crockery
lueñe distant
lumbrada light, fire
lumbre *f* fire, light
luminaria light, glow
lunar beauty mark, mole
llaga sore

M

machacante insistent; monotonous
madrugador early riser
maldito cursed, damned
malestar uneasiness
malsano unhealthy
mandíbula jaw
mandoble severe blow
manga sleeve
manguera hose
manija doorknocker
manso tame
maña skill; knack; cunning
marcar to mark; to dial (a phone)
marchitar to wither
marchito withered, fading
marchoso gallant
marea tide
mármol marble
martillazo hammer blow
mascarón large mask
máxima maxim, motto
mayordomo overseer
medallón medallion
melenudo hippy
menesteroso needy, lean
merienda afternoon snack
mero mere; right there
metálico metalic
meteórico like a meteor
mezquino low, poor
migajón crumb; marrow; core
milicia military service
mimbre wicker
mínimo minimal; lowest
mirada look; glance; gaze
mirador lookout; observatory

mirilla peephole
misa mass
miseñora from *mi señora*; the missus
mixteco Mixtec Indian
mobiliario furniture
mocetón strapping young man
modoso stylish
moho mold
mollete buttered bun
moneda coin; money
montaje assembling; mounting
morabito Moslem
morada dwelling
morado purple
morador dweller
moral *m* mulberry tree
mordisco bite
moreno dark-skinned
mosaico tile
mosca fly; tuft of hair under lower lip
mueca grimace
mueguear to make faces
mugido roar
multa fine
muro wall
musgo moss
muslo thigh

N

negar to deny
neumático tire
Nibelungo Nibelung, medieval German knight
nimio very small
nocivo harmful
nopal *m* cactus

O

oficio office; profession
oído ear; sense of hearing
ojera circle under eye
oleaje waves, surf
olmo elm
ondear to wave
opaco opaque
oprobio humiliation

oquedad hollow
oriental Uruguayan
orión felt hat
ornitorrinco duckbill
osamenta bones

P

pabellón flag
palo de rosa rosewood
pamplina nonsense; frivolity
panorámica (*motion-picture term*) panning shot
pantalones *pl* pants
pantorrilla calf
papa *f* potato; *m* pope
parapetarse to hide behind
paroxismo paroxysm
parque park; ammunition
parrilla grill
parroquia parish; district
partes *f pl* private parts
partida consignment
partido split
pasamanos handrail
pasar de largo to pass up unknowingly
pata foot, paw
pata-coja hopping on one foot
patada kick
pato duck
patraña lie
patrulla army patrol
pedalear to peddle (a bike)
pedazo piece
pegar to hit; to shoot
peine comb
pellizcado pinched
penca leaf
pendenciero that makes people quarrelsome
penique penny
peña rock, bolder
peón farmhand; gaucho
pepito steak sandwich
perfil *m* profile
periférico suburban highway
perorata speech, harangue
petate sleeping mat
pétreo stony

picado pitted; smitten; diving
pícaro *n* rogue, rascal; *a* crafty, sinful, sly
pícrato picrate; sunburn lotion
pichón baby bird
pisotón stomp
pizarrón blackboard
plañidero plaintive
platillo cymbal
pleito argument; lawsuit; dispute
pletórico overflowing (with)
plomizo leaden
podredumbre decay
polainas *pl* spats
polvareda dust cloud
polvillo sawdust
polvoriento dusty
pomo flask; pommel
populacho people
pordiosero *n* beggar; *a* begging
poro leek (usually spelled *porro* or *puero*)
portal *m* porch; entry
portalón big door
porteño man from the port, that is, Buenos Aires
posar to rest; to pose
postdata something to add; postscript
postizo false; artificial
postrer(o) last; final
potranca filly
potro colt, wild horse
precipitarse to hurry
preciso precise; necessary
premura hurry, haste
prenda bundle; pledge
prender to catch; to attach
prepucio foreskin
presión pressure
presa booty; prey
pretextar to give the pretext
príncipe prince
proa bow (of a ship)
provisión supply
proyecto project; blueprint
prueba test; quiz; exercise
puchero grimace; pout
pulga flea
pulsera bracelet

(de) puntapié on tiptoe; kick
puñado fistful
puñalada stab

Q

quedada old maid
quedito quiet
quicio hinge
quitar to take away, remove

R

rabo tail
ráfaga gust of wind; flash
rajadura crack
rama branch
ranura crack, split
rasgar to tear
rasguear to strum
rastra sled; dragging along
rata rat
ratería robbery
realzado elevated; embossed
rebanada slice
rebosado overflowing
rebosar to overflow
rebotar to rebound
rebozo shawl
rebullir to stir
recado sheepskin saddle blanket
recámara bedroom
recargado resting; reclined
receloso apprehensive
recodo corner
recortado outlined
recorrer to examine
recuerdo memory; souvenir
rechinar screech
rechino creak
red net; screen
(a) regañadientes reluctantly
regar to water, irrigate
registro register, record; registration
regla rule; order
rejón short spear used in bullfights
relámpago lightning
rematado concluded

(de) remeda   mockingly
remedar   to mimick
remendar   to mend, patch, sew
renegrido   blackened
rentilla   small rental income
repaso   review
repetir   to repeat
repicar   to sound, peal, chime
repique   ringing
resorte   spring
restañar   to stanch a flow
resuello   breath; heavy breathing
retobado   irritable, unruly
retratar   to paint a picture; to photograph
retrotraer   to flashback
retumbo   resounding, echoing
reventazón   rupture
revolcar   to tred on; to wallow
revolcón   wallowing, rolling
revuelto   mixed
rienda   rein
rifar   to raffle
risa   laughter
roble   oak
rocola   jukebox
rodaje   wheelworks
rodar   to roll, rumble
rodear   to surround
roer   to gnaw
(de) rondón   abruptly
ronquido   snore
ronronear   to purr
ropaje   clothes, garb
rostro   face
ruindad   nastiness

S

sacar   to take (away); to wear
sacerdote   priest
saco   jacket
sala   room, hall
salpicado   splattered
salpicar   to splatter
salto   leap, jump
saltón   prominent; protruding
saxo   saxophone
seco   dry
segado   to cut down, crop, harvest

señuelo   signal, lure
serranía   mountain range
sesgo   slope, slant
seto   hedge
sílex   silica
silla de extensión   beach chair
sillón   armchair
sima   abyss
sinfonola   victrola
sisa   dart (of a dress)
sobar   to massage, squeeze
sobrar   to have excess
socorrer   to help; to give relief
solapa   lapel
son   sound; pretext
sonaja   rattle
sondear   to examine; to fathom
sonsacado   long, drawn-out
sopa   soup
sopera   tureen
sopesar   to bear the weight of
sopor   stupor
soportar   to put up with, endure
sordomudo   deaf-mute
sosiego   calm
(de) súbito   suddenly
sublevar   to anger, excite
suburbio   slums in the outskirts
suceso   event; occurrence; experience
sucio   dirty
suelto   loose, free
surco   furrow; ditch
susodicho   above-mentioned

T

tablón   plank
tacón   heel (of a shoe)
taladrar   to drill, bore
talero   riding crop
talón   heel
tallado   figurine
tallo   stalk
tamaño   size
tamarindo   tamarind fruit tree
tambalearse   to totter
tamo   fuzz
tapete   small rug
tapia   wall
tapón   lid; stopper

taquilla box; ticket office
tartamudeo stuttering
tataranieto great-grandson
tatarasobrino great-grandnephew
tecla key of a piano, typewriter, and so on
teja roof tile
telaraña cobweb
telefonazo telephone call
temblar to tremble, quake
templado mild (weather)
tenia tapeworm
terciopelo velvet
término end, conclusion; landmark, limit
terrícola inhabitant of earth
terrón dirt clod
terso smooth
tertulia circle of friends; assembly; gathering
tibia shinbone
(a) tientas groping
timbón fat man
tiñoso scabby
tirar to throw; to pull
tiritar to shiver
tirón shove; yank
tiroteo shoot out
tirria aversion, dislike
tisana ptisan, herbal tea
tricornio three-pointed hat
tonto fool
torera bullfighter's cape
torero toreador, bullfighter
tornasolear to reverberate with colors
torneado rounded; well-shaped
tortuga turtle
trama plot
trapo rag
trecho stretch
tremolar to wave
trisecar to divide in three, trisect
trompa horn, trump
troncharse to be cut off abruptly
tropero cattle drover
trote trot
trovador troubadour
trusa bathing trunks
tuerto one-eyed

tuétano marrow
tullido crippled
tumbar to bring down, make fall
túnica tunic
turbado disturbed

U

ultratumba other world; beyond the tomb
ululado howling
umbral *m* threshold
usbek from the Usbek nation

V

vaho vapor, steam
vaina thing; sheath, scabbard
valer to be worth
valetudinario valetudinarian
vara staff, rod
varonil virile, masculine
vedado prohibited
velar to keep vigil; to watch
(entre) veras y burlas half seriously, half mockingly
verbena vervain, herbal tea
verónica pass in bullfighting
vestigio vestige, left over
vidriera glass cabinet
vidrio glass
vientre belly; womb
vociferación shout
voltear to overturn, upset; to whirl
volverse to become
vos you (familiar form in Argentina and Uruguay)
vuelo flight

Y

yel *m* bile (usually spelled *hiel*)
yute jute

Z

zaguán entranceway
zambullir to plunge, dive
zar czar
zueco clog
zumbar to buzz
zumbido humming

ACKNOWLEDGMENTS

The editors wish to thank the following for permission to reprint the selections that appear in this book:

AYMÁ S. A. EDITORA   For an excerpt from the screenplay of *El discreto encanto de la burguesía* by Luis Buñuel. Reprinted by permission.

CARMEN BALCELLS   For "Bienvenido, Bob" by Juan Carlos Onetti; "Un día de estos" by Gabriel García Márquez; and "Reposo" by Vicente Aleixandre. Reprinted by permission of Carmen Balcells. For "Oda al gato" by Pablo Neruda. Reprinted by permission of Carmen Balcells and the Herederos de Pablo Neruda.

ADOLFO BIOY CASARES   For his "Mito de Orfeo y Eurídice."

BRANDT & BRANDT   For "Las dos Elenas" by Carlos Fuentes. Copyright © 1967 by Carlos Fuentes. Reprinted by permission of Brandt & Brandt.

GUILLERMO CABRERA INFANTE   For his "Abril es el mes más cruel."

JULIO CORTÁZAR   For his "Continuidad de los parques."

JOAN DAVES   For "Pan" and "Muro" by Gabriela Mistral. Reprinted by permission of Joan Daves and Doris Dana. Copyright © 1938 by Gabriela Mistral.

EDITORIAL JOAQUÍN MORTIZ   For "Festina lente," "En busca del tiempo perdido," and "Ocho versos nuevos hechos con material usado por Shakespeare" from *Plagio* by Ulalume González de León. Reprinted by permission.

EMECÉ EDITORES   For "El muerto" from *El Aleph* © Emecé Editores, Buenos Aires, 1957.

FONDO DE CULTURA ECONÓMICA   For "Talpa" by Juan Rulfo. Reprinted by permission.

JORGE GUILLÉN   For his "Nada más."

HEREDEROS DE MIGUEL ÁNGEL ASTURIAS   For the chapter "El Portal del Señor" from *El señor Presidente* by Miguel Angel Asturias. © Herederos de Miguel Angel Asturias. Reprinted by permission.

RENÉ MARQUÉS   For his "La muerte."

NEW DIRECTIONS PUBLISHING CORPORATION   For "Prendimiento de Antoñito el Camborio en el camino de Sevilla " and "Muerte de Antoñito el Camborio " Federico García Lorca, *Obras completas*. Copyright © Aguilar, S.A. de Ediciones, Madrid, 1954. All rights reserved. Reprinted by permission of New Directions Publishing Corporation, Agents.

NICANOR PARRA   For his "Los profesores."

OCTAVIO PAZ   For his "Viento entero."

FRANCISCO H. PINZÓN JIMÉNEZ   For "Poesía" by Juan Ramón Jiménez.

JOSÉ ROLLÁN RIESCO   For "El amor y la sierra" and "Esta luz de Sevilla" by Antonio Machado. Reprinted by permission.

FERNANDO DE UNAMUNO   For "Juan Manso" by Miguel de Unamuno. Reprinted by permission.

PICTURE CREDITS

Page 4: *A Family* by Fernando Botero. From the collection of Dr. and Mrs. Sidney Merians. Photograph courtesy of the Marlborough Gallery, New York.

Page 74: Ramón Alejandro. From the collection of the author.

Page 104: *Discreet Charm of the Bourgeoisie.* Copyright © 1972. Twentieth Century-Fox Film Corp. All rights reserved.

Page 120: José Luis Cuevas. From the collection of the author.